人物叢書

新装版

りょう　げん

平林盛得

日本歴史学会編集

吉川弘文館

木造慈恵大師坐像（延暦寺蔵）

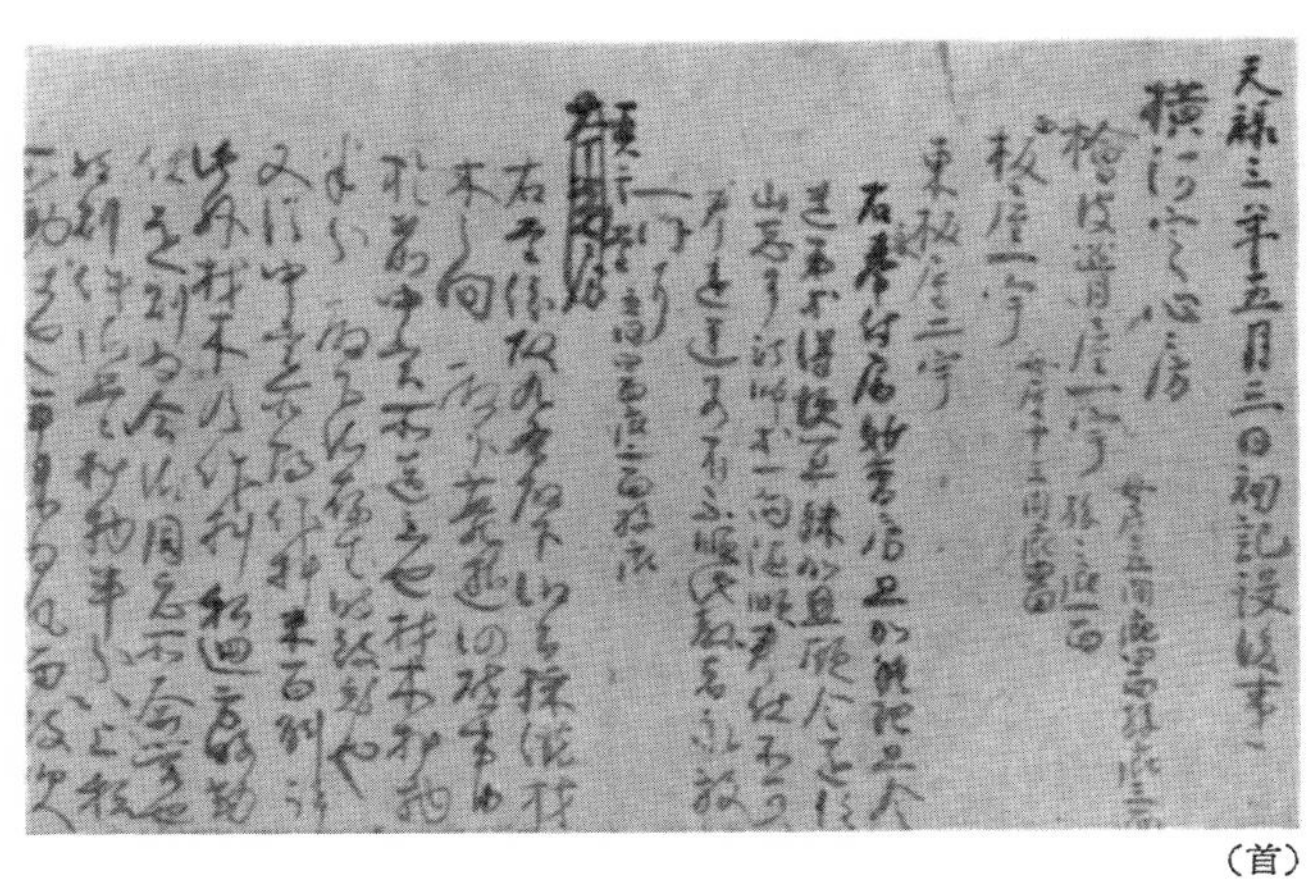

（首）

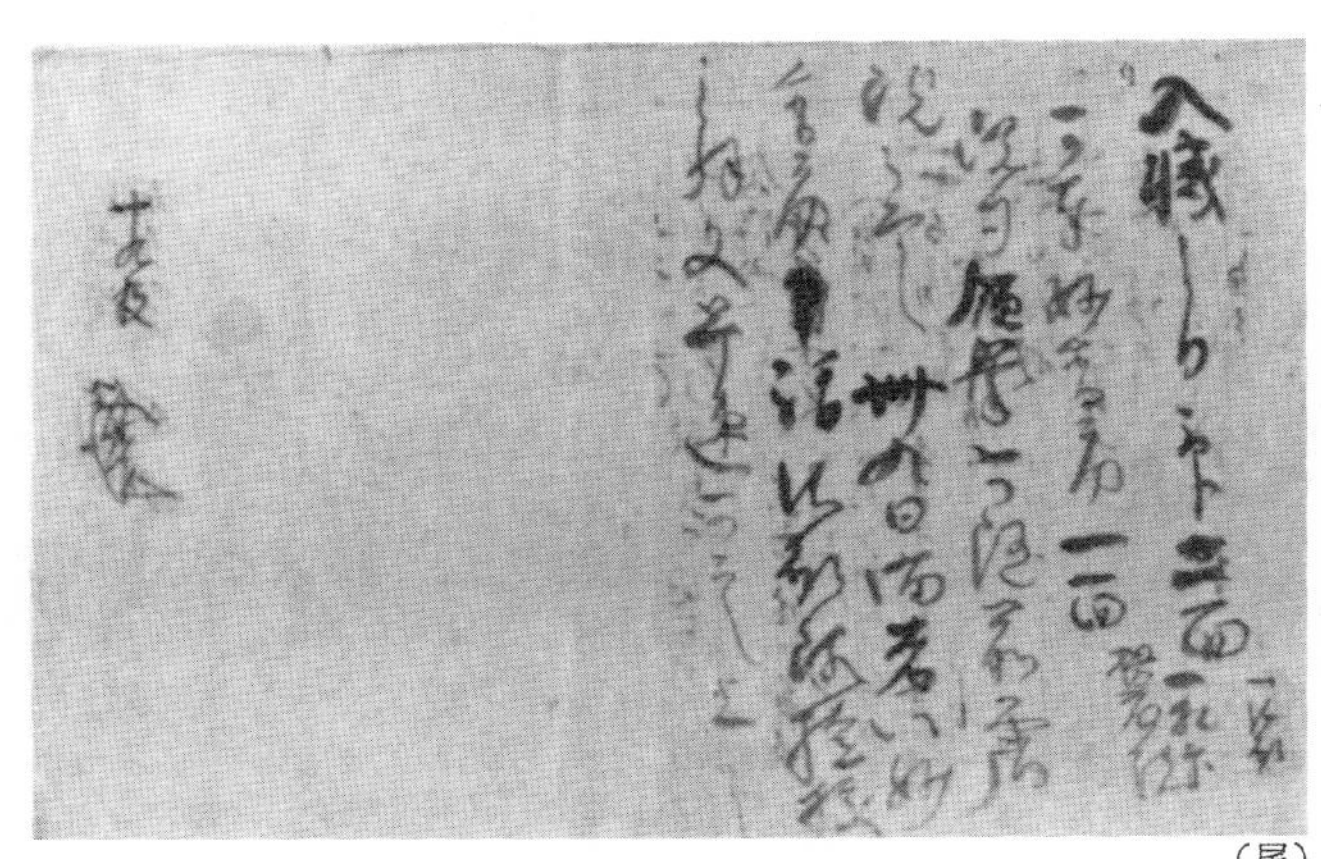

（尾）

慈恵大師自筆遺告（廬山寺蔵）

はしがき

元三大師と俗称される良源は、十世紀に活躍した比叡山延暦寺の高僧である。平将門や藤原純友が叛したいわゆる承平・天慶の乱や、藤原氏の策謀によって右大臣源高明が失脚した安和の変などがおこり、複雑な政情のなかでしだいに藤原北家、忠平の流による摂関体制が確立して行く時代である。

叡山自身についていえば、開祖最澄についで円仁・円珍の隆盛時が過ぎ、沈滞期を迎えた時期であり、第十八代天台座主として大火災から堂舎の復興整備、経済的基盤の確立、宗学の奨励、綱紀粛正など、叡山中興の事業を完遂し、『往生要集』を著した恵心僧都や檀那院覚超をはじめ多くの名僧を育てた。他面僧兵を創始し、また俗権に媚びてその子弟を優遇、山上を世俗化した張本人としての非難を浴びるのである。有力後見者をもたず入山し、ついに前代奈良朝に東大寺大仏造像の大功を賞された行基以来、当代はじめての大僧正にまで栄進した良源の生涯を、克明に追うのが本書の課題である。

良源は時として開祖最澄にまさる信仰をあつめた時期があったという。このような高僧の行業には、過大な褒詞や数々の霊験談がつきまとうものである。真実のものは別として、善意または無意識の、さらには意図的な、いわば飾られた事蹟が付加されている。こうした付加の要素を排除して、良源の実像を明らかにすることはかなり困難なことである。しかしこれをなさねば、歴史書としての良源伝とはいえない。時として穿さくと考証に終始することがあるのはこのためである。とはいえすべて確実なものだけで良源像を組立てることができるほど、資料が豊富なわけではない。場合によっては資料的にはふたしかな説話類を引用することもあるが、そのさいはかならずその旨を注記し、叙述内容とともにそのもっている底の意味を考えることにつとめた。

また現代的な関心からいえば、霊験談や説話類を含めて、現在までなお続いている元三大師信仰も見逃すことはできない。本書があえて鑽仰史を加えた理由もここにある。ただこれには、まず現実に十世紀という時代に生きた良源の実像が明らかにされていることが前提で、それが後続の時代にどのように影響を与え、どのような形となって生き続けて行くかということでなければならない。その場合、広汎多様な信仰形態は、いわば宗教社会学、宗教民俗学などの立場からも論ぜられるべきであるが、筆者はまったくその任ではない。本書はわずかにその素材を提出したに過ぎない。

今日における良源の伝記は、従来現天台座主山田恵諦氏がかつて書かれた啓蒙書『元三大師』が唯一であり、宗門外の書としては本書がはじめてのものである。浅学の筆者にとっては過重な責であるが、先学の個々のすぐれた業績に導かれてあえてまとめることとした。なかでも大正大学櫛田良洪博士発見の新資料、帝塚山大学景山春樹博士の叡山関係の御著作、京都女子大学堀大慈氏の良源に関する御論考（以上巻末参考文献に引用）などに負うところが大きい。ただ筆者の力不足から、良源の足跡を追うのに精一杯のありさまで、それさえ不十分なきわめて未熟な書となってしまった。時代的な役割や評価は今後の課題であり、本書がその解明のための土台として何ほどかのお役に立てば幸いである。

最後になってしまったが、前記景山博士には叙述上の恩恵の上に、本書掲載図版につき、御著書（『比叡山』『史蹟論攷』）からの転載を御許可いただいたばかりでなく、数多くの写真を拝借、御助言を賜った。なおそのほかの図版については文化庁山本信吉氏、大正大学宇高良哲氏、吉野の伊藤清作氏をはじめ関係寺院、文庫等の御配慮を得た。また、中央大学大曾根章介博士、彦根の饗場重雄氏、玉泉寺の夫馬円尚氏ほか、一々お名前はあげないが、陰に陽に御指導、御援助いただいた多くの先輩、友人の諸兄姉に心からお礼申し上げたい。

昭和五十一年八月一日

平林盛得

新装版の刊行にあたって

本書は、初版の刊行以来、十年余りを経過したが、その後の研究の進展に伴い、改訂を要する個所も少なくない。新装版の刊行にあたっては、諸般の事情により、それらのうち、本文の誤記等を訂正したほか、天台座主の派わけ(四六〜四七、一五八ページ)、座主の資格(八四〜八五ページ)、尚歯会(一〇七〜一〇八ページ)の記述を書き改めるとともに、求法寺の御好意により挿図(七〇ページ)を改版することにとどめ、その他は後考を期すことにした。

なお、本書の刊行にさいして御配慮をいただいた、櫛田良洪博士、景山春樹博士、饗場重雄氏、斎藤良全氏(前安養院住職)は、その後あいついで逝去された。謹んで御冥福をお祈りする次第である。

昭和六十二年九月一日

目次

口絵

挿図

第一　おいたちと修行

一　誕　生

誕生

日本第一の大湖、琵琶湖の北岸、現北陸線虎姫(とらひめ)駅の近くに良源(りょうげん)は生れた。延喜十二年(九一二)九月三日、正十二時であったという。誕生の地について、古書は近江国浅井郡岡本郷(『天台座主記』)とも、同郡大井郷(『釈家官班記』)とも伝え、両説あるように思われるが、両郷は相接して旧虎姫村という地域内である。現在滋賀県東浅井郡虎姫町三川(みかわ)に玉泉寺という寺があり、ここを出生地としている。いずれにしろこのあたりであろう。

夢の告げ

子をもたなかった良源の母が、土地の名刹大吉(だいきち)寺の観音に祈願し、その霊験によって授かったのが良源であった。祈願の帰り道、美しい稚児が姿のよい馬に乗って大吉寺に向うのに出合い、母は所願成就のしるしと喜び帰宅した。その夜の夢に、海中に座して天上を向いていると、日光が懐に入るのを見た。こののち懐妊して良源を生んだ。出生にあ

幼名観音丸

玉泉寺本堂（良源の誕生所と伝える寺）

たって、室に異常な気配がみなぎったといい、観音の申し子の故に幼名を観音丸とされた。

父母

父は木津（こず）氏、観音に祈った母は物部（もののべ）氏、ともに名を明らかにしない。父を饗場（あえば）重頼、母を物部憲興の娘月子女とする説があるが、これについてはのちにふれる（第八の三良源の父母参照）。木津氏は大和の漢（あや）氏の一族、すなわちその祖先は帰化人で、近江国では高島郡木津郷に拠っていた。物部氏は大伴氏とならんでわが国古来からの大氏族で、その分流は各国にわかれたが、近江国にも栗太郡に物部郷が見え、一つの根拠地とされている。木津・物部両氏とも祖先を尋ねると名流であるが、このことがかならずしも良源の父母たちの家業や地位が高かったことを示すものではない。家業は明らかではないが、良源が仏門に進んでからの苦労ぶりを見ると、それを後援できるほど高い地位ではなかったことが察せられる。

良源の伝記

良源の伝記資料は、良源没後四十六年、遺弟たちが資料を集め、時の才人藤原斉信が編した『慈慧大僧正伝』（『群書類従』巻六九）が一番早く、ついで、良源の同郷の人で、優れた五山文学者でもある蘭坡景茝の『慈慧大師伝』（『続群書類従』巻二一三）がある。これは良源没年からおおよそ四百年後、室町時代の成立である。この二書が漢文体であるため、和文に書き改め、土佐派の画家住吉具慶の絵を加えたものが僧胤海の手によって『東叡山寛永寺元三大師縁起』として作られている。これは慈眼大師といわれる天海の伝記とともに『両大師伝記』として、延宝八年（一六八〇）出版されている。良源没して七百年に近く、江戸時代のことである。この三篇が主要伝記資料として著名である。なかでも藤原斉信が編したものが良源の時代に一番近く、助力した遺弟の中に良源の高弟覚運が擬されるなど、信用度の高いものである。本書の記述も多くこの書によるところが大である。

良源伝の新資料

ところで、近時、櫛田良洪博士によって発見紹介された新資料がある（「慈恵大師伝の新資料について」『印度学仏教学研究紀要』一四―二）。これは『慈恵大僧正拾遺伝』（『仏教史研

『慈恵大僧正拾遺伝』（良源伝の新資料，東寺宝菩提院蔵）

究』八に全文紹介）というもので、斉信編の伝記が作られた翌年、その省略部分を補うという形で、梵照という僧が個人的に書いたものである。この梵照の記文が発見されたことによって、良源の伝は従来より大きく前進したといえよう。ただこの『拾遺伝』にも父母の名も、出自も加えられていない。櫛田博士はこの梵照記によって「浅井郡有河字田河」附近が出生地であり、生家は「恵まれない漁撈を事とせる家」とされる。しかし、そこでは良源が稚い時に有河の大橋のほとりで、魚撈を見ていたとしているのであって、これをそのまま家業とするのは即断であろう。田河とは現虎姫町に隣接する浅井町に田川という

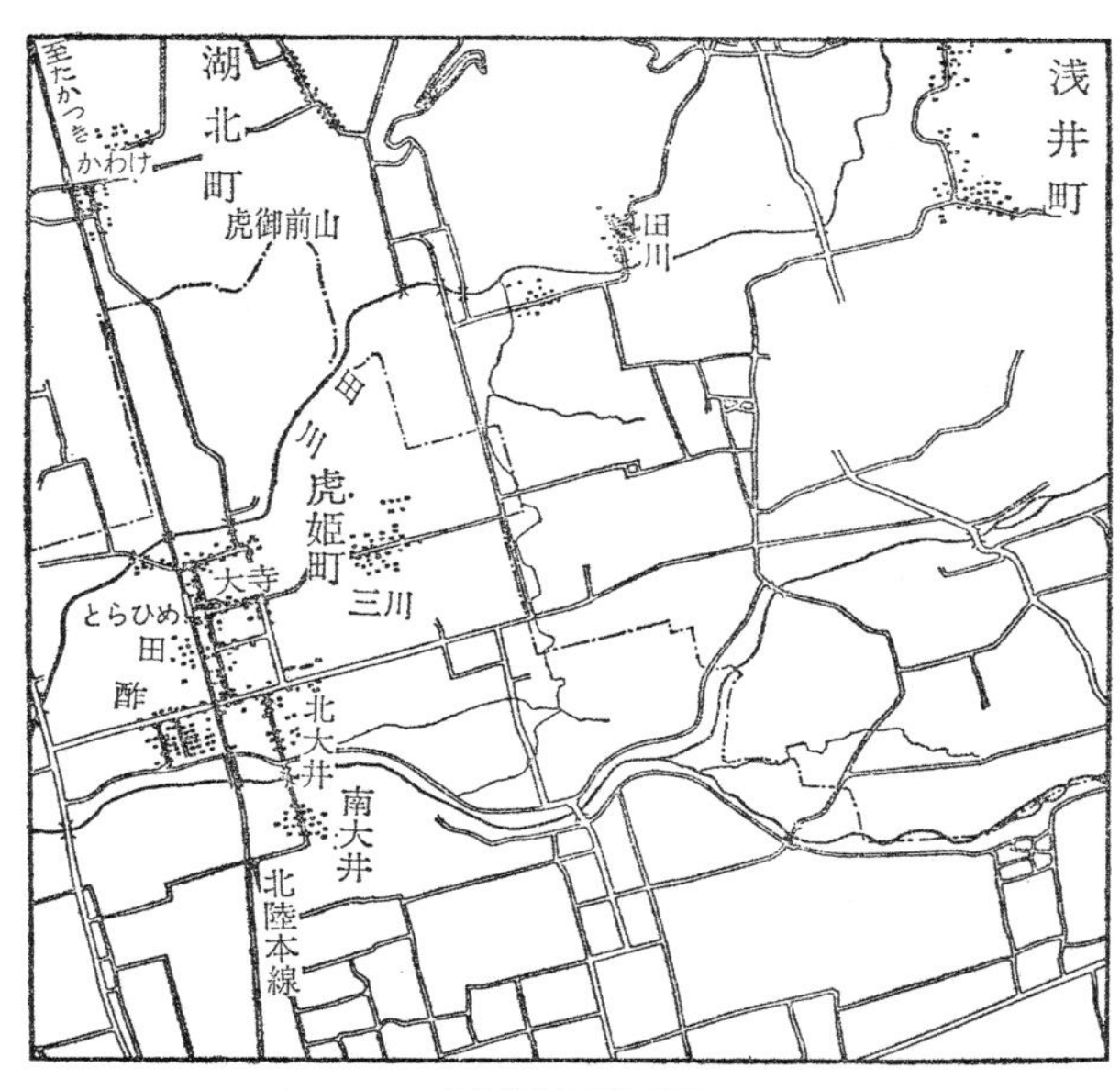

良源誕生附近図

地名があるが、こことすると、三川などとともに旧岡本郷内である。郷内を流れ琵琶湖にそそいだ田川は、雨期にしばしば氾濫したようであるが、この地方の子供たちにとって恰好の遊び場であったろう。いずれにしても良源の生地はこの近くであった。

梵照（ぼんしょう）は長元五年（一〇三二）七十歳で没し、藤原斉信も同八年六十八歳で没している。良源は永観三年（九八五）七十四歳で没しているので、その時梵照は二十三歳、斉信は十八歳である。梵照や斉信が生れたのは良源の五十代ということで、斉信編纂の良源伝の協力者である遺弟たちもほぼ同年齢であろう。すなわち、いずれも良源の晩年をわずかに知るに過ぎないのである。したがって良源伝は、初期の部分についてははじめから、信憑性についてはある程度マイナスして考える必要があろう。

高僧の誕生奇瑞

さきに良源出生時の祈願と霊夢についてふれたが、これと類似の話は数多くある。たとえば、良源がやがて所属する天台宗の開祖最澄は、子供のなかったその父百枝(ももえ)が七日間神仏に祈請し、第四日目の暁方好夢の予告があって誕生したという(『叡山大師伝』)。最澄に相対して真言宗を開いた空海も、母阿刀(あと)氏の夢に(天竺の)聖人が胎内に入ったと伝えている(『今昔物語集』一一—九、他)。また、わが国古代の最大の仏教理解者である聖徳太子も、母后の夢に、救世(ぐぜ)観音の化身(けしん)である金色の僧が現われて、世を救うためしばらく母后の腹中を借りるといい、口から躍り入ったという。良源よりやや後輩となる、例の阿弥陀和讃(あみだわさん)の作者で叡山の学僧千観も、その母が子のないことを憂い観音に祈ったところ、一本の蓮華を得た夢を見て出産したものという(以上『日本往生極楽記』)。このようにおおくの名僧たちの出生には瑞兆があったとしている。これらの中には、名僧はその誕生から常人とは異なったものであるという意識が働いているように思われる。良源の場合、その晩年をわずかに知る老僧たちが、良源を三光天子の生れ変りと鑽仰する（『慈慧大僧正伝』）点から考えて、特別仕立の出生話が作られる可能性もあるといえよう。要するに、良源に関する最初の信用すべき伝記類であっても、その前半は必要以上に美化されている可能性がある。

観音丸異相

観音丸は、その後も異相をあらわし、常人の子とは異なった特別な子供であった。雲貞行という老人がいた。かつて越州の司馬（掾）であったこの老人が、五穀豊饒の祈願であろうか田畝で祭を催したところ、その側らに一人の童子が遊んでいた。見るとその子の頂に蓮華のような形をした天蓋がついている。貞行はこれを不思議なこととし、童子をその家に送りとどけ、その子の父に、この童子が霊童であること、このままでは俗世間の塵に埋もれてしまうので、叡山に送りよい師につければ天にも昇る出世をはたすであろうと予言している（『慈慧大僧正伝』）。梵照の『慈恵大僧正拾遺伝』（以下『拾遺伝』）ではこの事を若干異なった表現で記している。浅井東郡有河宇田河に大橋という名の橋があり、里人が川のほとりで漁をしていた。橋の上を身分のある人が騎馬で通りかかり、橋のほとりで魚取りを見ている子に異相を発見する。漁夫と子供との関係を問い、下馬して子供を礼拝した。そして子供の父に、子供を粗略にしないよう伝言せよと命じて立去ったという。良源の年齢も、異相を発見した人物の名も記されていない。良源の生家が魚夫とはいえないまでも、そう高位の家ではないことがこの話から窺うことはできよう。ところでさきの貞行が田祭に見た異相というのはこの話が整備されたように思われる。

覚恵出家を勧める

そのことはともかく、結局貞行の忠告は聞きいれられず、なお三年を過すことになる。その後、母について浅井郡から志賀郡に移住していることから考えて、父の死に会ったものか。ここには十五大寺の一つに数えられ、かつて修業時代の最澄が訪れたこともある名刹梵釈寺がある。観音丸がある時この寺の覚恵(かくえ)阿闍梨の室に遊びに来たところ、覚恵は観音丸を見て、おまえは一般人とは異なったすぐれた人相をしている。なぜ遊びばかりして学業につかないのか。早く仏道を習学せよと告げた。前からの機縁がこの言葉によってさらにうながされて、観音丸はついに比叡山に上り、仏門に入ることとなる。延長元年（九二三）良源十二歳の時のことである。

比叡山と琵琶湖

二　西塔修行

日本天台宗の本拠、比叡山延暦寺は、良源の生れた湖北の地からは見えないが、湖の対岸に連なる比良山系のつきるところにあり、もちろん同国内である。浅井郡・伊香郡ともに天台宗の布教活動に強い影響を受けていた。たとえば、良源が幼時遊んだであろう湖岸に出ると、目と鼻の先ともいえる位置に竹生島がある。この島は天台宗の色彩が濃い。ここに祀られる竹生島弁財天は、日本三弁天の一つとして著名であるが、平安初頭、最澄が比叡山に一乗止観院を建立した際に顕現して神意を示したといわれる。第三代天台座主円仁も社殿を改造し、神像を造って送っている。さらに仁和三年（八八七）・延喜六年（九〇六）・天暦元年（九四七）などに多くの天台僧が珍財や土地の施入、神殿等の改造に尽力している（『竹生島縁起』）。良源の一代前の天台座主喜慶は浅井郡、すなわち良源と同郡の出身者である。延喜二年（九〇二）入山、したがって良源の入山より二十一年前のことである。あるいは修行途中のこの郷里の先輩の動勢が良源の周辺に伝わっていたのかもしれない。身分的にそう高位でない者の子弟に知能抜群の者がいた場合、その才能を生かす場所として僧侶への道がとられるのは一つの方法であろう。良源の異相を発見した人々が僧界入りをすすめ、良源の前に叡山があらわれるのはきわめて自然であったとすることができよう。

先輩喜慶

延長元年、一説に夏五月三日（『大師伝』）とする。十二歳の良源が入室したのは西塔（さいとう）にある宝幢院（ほうどういん）の日燈上人の房で、理仙大徳に師事した。年少者が僧侶になるためには、ふつう特定の僧侶を師主と仰ぎ、その童子となって師僧の身のまわりの世話をしながら僧侶としての学問と修行を行う。十五－六歳になり試験を受けて及第すれば正式の僧侶になる第一歩を踏み出す。沙弥（しゃみ）といわれ、いわば僧侶の見習期間で、この資格を得ることを得度という。さらに僧侶としてふさわしい修業を積んで戒を授けられ、はじめて一人

西塔理仙に師事

叡山三区画

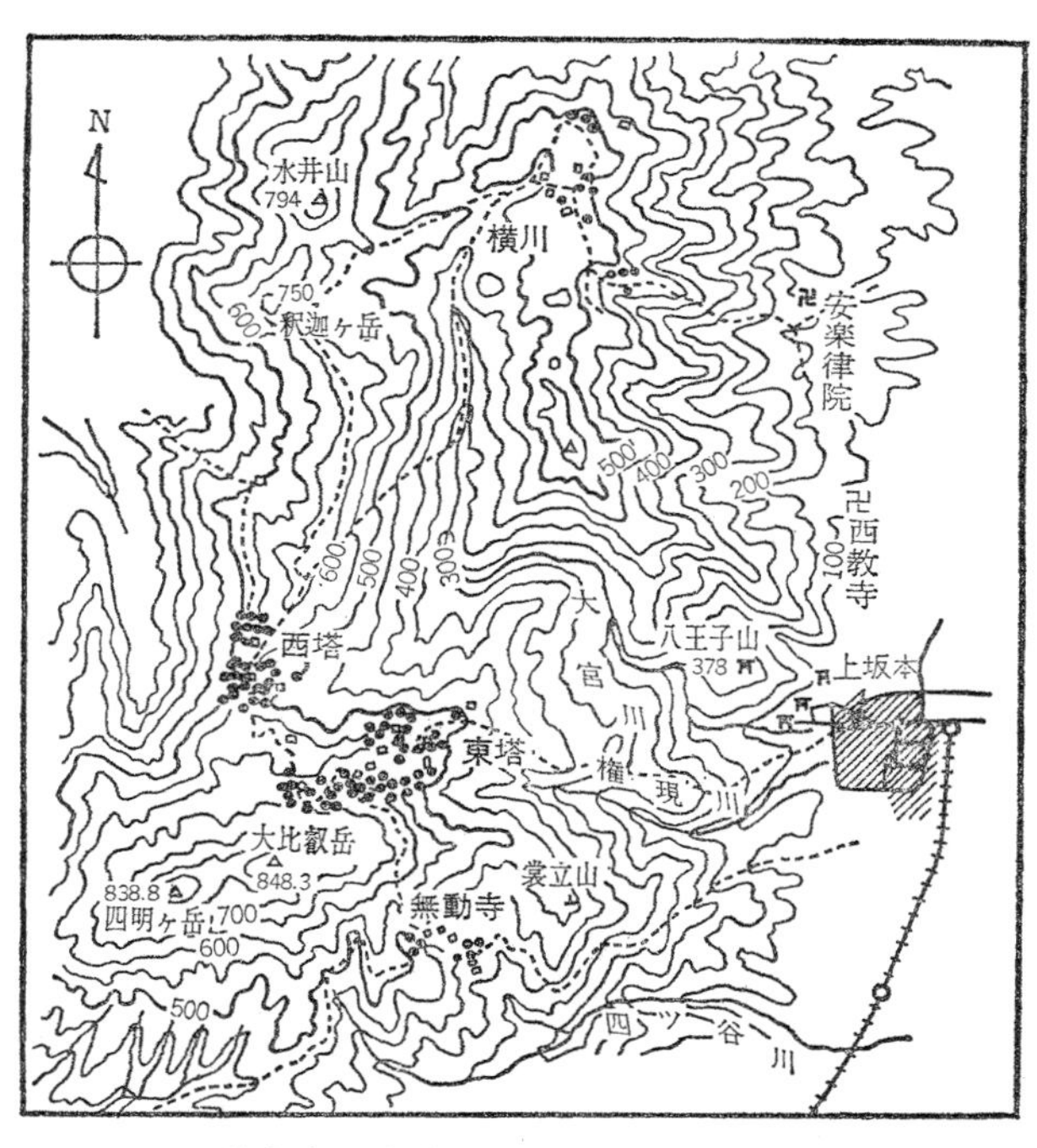

比叡山の地形図（小林博氏作図による）

前の僧侶となる。これが受戒である。良源は理仙を師僧と仰いだわけである。

比叡山延暦寺は総称であって、実際は東塔・西塔、横川の三区画にわかれて呼ばれる。その中心は東塔で、いわば心臓部である根本中堂がある。開祖最澄は、わが国を六区分し、その六ヵ所に各々一千巻の法華経をおさめる宝塔院を建立して鎮護国家の役をはたそうとした。比叡山は近江と山城の両国にまたがって聳える。宝塔の一つは、総括として近江側根本中堂附近に、中央部の鎮めのために山城側にもう一つ、計二つの宝塔が叡山上に建立された。この二つの塔がその位置によって東・西の名でよばれ、近江側が東塔、山城側が西塔とよばれ、やがて山上の区画となった。東塔の地がまず開発され、ついで西塔、そののち横川が整備された。おおざっぱにいって東塔の規模の半分が西塔、さらにその半分が横川という大きさになる。このうち横川は本書の主役良源によって整備されるもので、良源入山当時は荒廃しており、入山の対象とはならない。良源が叡山の中心東塔に入山したのではなく、次位の西塔に入ったことは、やはり良源の家の地位なり、財力なりがそう豊かでなかったことを意味しているのではなかろうか。

宝幢院

西塔宝幢院（ほうどういん）は、山城側宝塔を中心とするいわゆる西塔院（さいとういん）とは別に、最澄の弟子恵亮が建立したといわれる相輪樘（そうりんとう）を中心とする堂舎で、西塔院にかわって西塔の中心的存在となった。『宝幢院検校次第』によれば、良源入山時の検校（けんぎょう）(総責任者)は仁照で、仁照は円仁の弟子の初代恵亮から数えて第七代目である。宝幢院に日燈上人を主とする房があり、良源はここの理仙大徳付となったのである。理仙の身のまわりを世話しながら習学をはじめたのである。

叡山修学内容

開祖最澄は弟子たちの修学内容を、止観(しかん)業と遮那(しゃな)業の二つのコースとして定めた。止観業は法華経・金光明経・仁王経などいわゆる顕教の習学で、遮那業は遮那経・孔雀経・不空経・仏頂経など密教の習学であった。最澄はこの両業を設けたが、いずれか一方の修学者は他を習学しないということではもちろんなく、また理論的にどちらが優れているというものではなかった。ただ二業を立てた以上いずれかに偏重することはやむを得ない現実的傾向であろう。草創期の叡山は、まず顕教的性格が強かったが、のち円仁、円珍らが出て密教的色彩を濃厚とした。良源が入山した時は円珍の弟子良勇が第十一代天台座主であった。師理仙・房主日燈ともに良源とのかかわり合いで明らかになる

師僧の系譜

人々で、師僧たちがどのような教学をもっていたかはわからない。ただ、理仙の系譜を、

恵亮―常済―┬惟尚―┬理仙
　　　　　　└承誓―┘

とするものがある(『望月仏教大辞典』付表)。恵亮は円仁の法系で初代宝幢院検校、常済も

円仁・恵亮に師事して第二代の同院検校である。惟尚・承誓（承済とも）の経歴は不明であるが、西塔の住僧であろう。当時は円珍の流が主流で東塔を支配していたため、密教重視の傾向をうけて東塔は遮那業、西塔のそのまた傍流であるらしい理仙は止観業であったと推定しておく。理仙のもとで習学五年、見習修行がそろそろ終ろうとしていた。

師主突然の死

延長六年（九二八）十七歳となった。良源の才能は天性のものであったらしく、師の教えは一を聞いて十を知るという利発ぶりであった。したがって師主の推挙によって得度し、正式の僧となる時期は目前に来ていた。しかし、非運が若き良源を見舞った。師主理仙の突然の死である。得度によってはじめて一般人の籍を離れて僧界に入る。出家である。

出家の手続

出家者は一般人とは別で、公役免除という特権があるため、簡単に出家は認められないのである。各宗派とも年間数人の度者（得度者）を認められ、また修法などの功労により臨時に認められる場合もあるが、ふつうはその定員の枠に応じて師主の推挙により試験を受けるか、及第に準ずる資格を習得していることを証明して、はじめて得度することができる。得度には師主の推薦がかならず必要なのである。その師主を失って良源は途方に暮れたのであろう。房主日燈はこの利発な良源の前途を心配したが、良源のために

船木良見良源の出家に奔走

さける度者の枠を持っていなかったらしい。日燈は有力な後援者である伊勢国朝明郡の郡領船木良見に度者の枠をもつ僧の斡旋を依頼した。船木良見は、時の右大臣藤原定方の旧僕であったことから、藤原定方にこの話を持ち込み、定方は薬師寺の恩訓を選び、その度者としようとした。恩訓は右大臣の依頼でもあり、良源の容貌からその非凡さを知り、良源の得度を許した。しかし、良源は本師はあくまで理仙であり、師主を変えて恩訓にはつけない。もしそれで受戒できなければ、止むを得ないとまでいった。結局、良源の熱心さと船木良見の奔走によって、理仙の度者としての扱いを受けることとなった。その間の良見の尽力は大変なものであったらしく、良見の一字を得て僧名を良源と名乗ることとなった。こうした経緯をとったためか、早急に受戒の運びとなり、同年四月、天台座主尊意により戒を授けられた。こうして正式の僧侶となり、日燈のもとで理仙のあとを継ぎ、勤行を始めたのである。良源の出家についての右の経緯は、『大僧正伝』以下の伝えるところであるが、『僧綱補任』には恩訓僧都に「度縁受戒」(得度のことか)し、その後叡山で修学したとしている。理仙ないし、日燈に度者の枠がなかったからこそ船木良見の奔走となったのであるから、良源の熱意だけで理仙の度者となる扱

良源と名乗る

いが可能な筈はなく、実際には恩訓によって度縁を受けたのであろう。その後恩訓の支配下にはならず、叡山にもどって来たものと推定しておく。そして尊意のもとに受戒、名実共に天台宗の僧侶となったのである。

三　維摩会論義

山内論義で活躍

延長七年（九二九）、出家して二年目、叡山で非公式の論義（経論の意味などにつき問答を行う）が行われ、良源は東塔喜蓮律師付の乗恵と問答した。博学とそのすぐれた弁説は、相対した乗恵の師喜蓮を感嘆させ、ただちに乗恵を派遣して良源を師と仰げと命じた（『拾遺伝』）。いささかできすぎた話に思えるが、良源の異才を示すものであろうか。乗恵を介して、のち第十七代天台座主となる喜蓮という高僧の知遇を得たことになる。この年十二月十四日、時の左大臣藤原忠平の五十歳を祝う行事が催され、延暦寺でも忠平が寺の検校（俗人による監督者）であるため、僧侶千人が講堂において寿命経五万巻を読誦して奉賀している。この千人の僧侶の中に良源が加わっていたろうことは想像できよう。

高弟暹賀と聖救

良源の高弟のうちに暹賀と聖救という兄弟の僧がいる。この二人が良源に師事した経

基増

緯を梵照は『拾遺伝』でつぎのように記している。運日大徳付に二人の小童がいた。共に学業優秀で、兄は出家する時期になっていたが度者の枠がなくて難渋していた。これを宝幢院別当基増大法師が聞いて年分度者（定員の枠）を与え、良源のもとで修行させることとした。良源はその処置に感激し、自分は出家してからの日も浅く、別当の房にも御挨拶もしていないのにこうした好遇を受けた。この恩に酬いる忠勤をはげむ由を基増に言上、弟の小童を基増付として、基増を感心させた。この二人の小童がのち座主権僧正となった暹賀と大僧都まで昇進した聖救だというものである。暹賀の出家は承平元年（九三一）四月十六日、年十七歳、と知られる（彰考館本『僧綱補任』）ので、良源二十歳、法臈四年の時のことである。この年九月十六日、醍醐天皇の一周忌にあたり、中宮穏子（おんし）は西塔院に法会を催しており、西塔地区の所属僧として、この法会の雑用ぐらいは勤めたのではあるまいか。翌承平二年宝幢院の検校が仁照から弁日に交替、八月には良源の出家先を斡旋してくれた藤原定方が死んでいる。

延暦寺火災

承平五年、良源二十四歳、この年三月六日、根本中堂より出火した火は延暦寺の中枢部である東塔の主要部、中堂（ちゅうどう）・唐院（とういん）・食堂（じきどう）など四十余宇を焼いた。延暦寺創建以来百五十年目の大火災であり、薬師仏以下わずかな仏像・法具を運び出したに過ぎなかったという。西塔の良源たちは、当然この火災の消火や法具等の搬出を手伝ったことであろう。

若き日の良源の才能を『拾遺伝』に梵照はつぎのように記している。日夜学業に勤め、論義決択のすぐれたことにより、世に絶倫と称された。その評判を確かめるためか東塔山王院門徒が難題を持ちこんできた。東塔の上神宮寺の恒例行事、結縁八講に僧千観（せんかん）の問者として良源を招きたいという。主題は千観が得意とする因明四相（いんみょうしそう）に関するもので、期日は明後日としている。辞退しても許されず、夜を徹してその文章を暗誦、しかも新義を立て千観を論破した。列席の学匠たちは随喜してこれを讃えたという。千観といえば「阿弥陀和讃」を作した天台宗の学僧が著名であるが、この千観は良源より六歳年下であり、事実は若干相違するかもしれない。良源の活躍を際立たせるために千観の当時の学才を誇張して伝えたものであろうか。こうした山内論義での名声がやがて、さらに山外において開花する機会がやってくるのである。

興福寺維摩会に従僧として参列

承平七年（九三七）十月十日、奈良興福寺の維摩会（ゆいまえ）に天台宗の基増が講師に任命された。これに付き従う威儀僧として、日頃の勤務ぶりが認められてか良源が加えられた。この法会は、藤原鎌足（かまたり）が疾病平癒を祈るため百済の尼僧法明（ほうみょう）のすすめにしたがって山階陶原（やましなすえはら）にある自邸を寺として始めたのを源流とする由緒あるものである。幾度かの中断と会場の移転ののち、延暦二十一年（八〇二）より興福寺講堂が恒例の場所となった。藤原氏の弁官が勅使として遣され、鎌足の功績を讃え、あわせて僧侶の育成にあたることを目的とし、諸大寺から学僧を選び、勅使の面前で論義が戦わされる。これが維摩会の竪義（りゅうぎ）である。狭い意味での竪義は与えられた論題に対して自分の意見を述べることで、その意見の当否によって僧侶の学力が計られる。出題者が探題（たんだい）、回答者が竪者（りっしゃ）、回答に対して意見を述べるのが講師であり、維摩会では講師が探題を兼ねた。維摩会の講師は翌年の最勝会・御斎会（ごさいえ）の講師に任ぜられるのが慣例で、この三会の講師を勤めた者は已講（いこう）といわれ、僧侶行政の最高機関である僧綱（そうごう）入りを約束される。一方の竪者は及第と判定されれば、諸国の国分寺に配される講師（僧職としての）・読師任命の資格の一つを取得する。したがって講師・竪者共に学僧たちにとっては出世の登龍門であった。この配役は前年の暮れ、藤原氏の長者の承認を経て勅裁される。承平七年の維摩会講師基増はこの時六十六歳、法臈四十六年。威儀僧の一人として加わる良源は二十六歳、法臈十年である。

南北対決の非公式の論義

良源対義昭

義昭側の批難

(『春日権現験記』巻11，宮内庁侍従職保管)

右にのべた公式の竪義とは別に、勅使藤原在衡の宿舎で、勅使の徒然を慰めるために興福寺ら南都側と北嶺延暦寺側の二方に別かれ、各々四名の学僧を選び四番の論義を行うこととなった。延暦寺側の一番手として山内で著名な実績をもつ良源が、対する地元は法相宗の英傑義昭が選出されて対論することとなった。これは後のことであるが、義昭・良源に、東大寺の法蔵を加えた三人が藤原師輔の護持僧となり、義昭は日天、法蔵が月天、良源が明星天、すなわち三光天子(さんこうてんし)の生れ替りといわれた名僧である(『大僧正伝』)。この組み合せに義昭側から難色が出された。年齢・法臈共に長けており、良源のような若輩僧とでは不

興福寺維摩会の論義

釣合であるというものである。ところが南都の学道の長といわれる仁斅僧都（『僧綱補任』によれば当時律師の筈）が義昭を招き、ひそかに良源はかならず将来国宝の僧となる身であると論して対論を承諾させた。一方南都の悪僧たちもこの不均衡に怒り、良源の論義出席を実力で阻止しようとしたが、こちらは良源の「懸河の詞」で折伏されてしまった。ついに両者は対論したが、良源の弁説は冴え、藤原在衡は帰洛して藤原氏の長者、太政大臣摂政忠平に良源の学才を讃えた。こうして良源の才能は俗界にも伝わることとなった。

良源・義昭対論のいざこざについて、『大僧正伝』以下の良源伝記や『元亨釈書』『本朝高僧伝』などすべての書がふれており、おおよそ一致する。ただ『大師伝』と『拾遺伝』は何故か二年前の承平五年にこのことがあったとしている。『維摩講師研学竪義次第』によれば承平五年の講師は興福寺の常源であり、承平七年に天台の基増が講師となっている。承平五年説は誤りであろう。

義昭側批難の誤り

ところで承平七年、年齢・法臈で難色を示されたという良源は、年齢二十六歳、法臈十年である。対する義昭は安和二年（九六九）正月三日、五十歳で没している。ここから逆算して承平七年は十八歳となる。法臈は不明であるが、良源の年齢に較べて八歳年下であり、良源の法臈と同じであるためには八歳の時出家しなければならない。すなわち両者の年齢・法臈の差は伝えられることとは全く逆となる。義昭や南都の悪僧は、義昭にくらべて良源の年齢・法臈が低いことではなくて高いことで批難すべきことであった。

良源対義昭問答の真相

もともとこの論義は、維摩会の正式な竪義ではなく、勅使の無聊を慰めるものとして、突然計画されたものであった。憶測すれば、藤原氏出身である義昭のすぐれた才能の発揮の場所として、ようやく天台宗内で著名となりだした良源に相対させる、いわば若輩僧義昭の活躍の場として、勅使や南都側が計画したものではなかろうか。それでは何故、全く逆の位置関係にあるような伝えられ方をしているのであろう。

ここで注意したいのは、すでにふれたように良源の主要伝記は、良源の晩年をわずかに知り得た弟子たちの手によって作られた。義昭は良源より十五年早く、奇しくも良源と同月日の正月三日没している。義昭が論義にすぐれていたらしいことは、薬師寺の八講の講師となった時、義昭の講説に限って龍神が来聴したと伝える説話（『元亨釈書』）があるくらいである。良源より遙か前に没している南都の名僧と、若き日の良源が相対したことがあった。その名僧を良源が論破した。相手は良源より若輩とするより、高名僧であった方がより効果的である筈である。良源二十代のこの功名譚がいわば出世への機縁となるもので、伝記作者たちが無意識のうちに批判の眼を閉じたのかもしれない。

第二　藤原氏の後援

一　藤原忠平と

維摩会の勅使藤原在衡は奈良より帰洛し、長者藤原忠平にその会の有様を報告した。その際勅使房での出来事にふれ、良源のすぐれた力量について披露した。忠平はこの話を記憶し、のち覚恵律師が忠平宅で法会を行なった折、伴僧の中に良源のいることを知り、結願の日（最終の日）良源だけをとくに留めた。そして忠平の後世を弔うことを依頼したという（『大僧正伝』）。

覚恵に師事

天慶年中（承平八年が天慶元年）良源は覚恵に師事し、天台宗で三部の大法とされる胎蔵界・金剛界・蘇悉地法の三法および諸尊瑜伽護摩秘法を学んでいる。良源が童稚の時、覚恵の室に属していたため（梵釈寺におけることか）、その縁によって受法となった（『拾遺伝』）。ところで、天皇の無病息災を祈る法として後七日御修法、略して御修法とよばれる重要な法会が宮中の真言院で行われるが（二六・二七頁図版）、天台宗を代表してこの覚恵が、弟子を引き連れて天慶の初年しばしば宮中に参内していることが、忠平の日記『貞信公記』に見える。したがって忠平と良源の出会はこの天慶初年頃であろうか。忠平は天慶二年(九三九)六十歳に達しており、この前後から病い勝となり、後世のことが心配となったことであろう。良源は二十八歳である。

将門の乱と祈禱

世上に名高い平将門の乱も、はじめは東国の一地方における同族内部での争いであったが、この頃しだいに拡大、ついに中央政府の指示に昂然と反抗し、反乱の様相を呈しはじめた時である。天慶三年正月、僧浄蔵は当時叡山の秘所ともいうべき横川に籠り、大威徳法を修して将門調伏の祈禱を行なっている。この年二月十九日、新皇と称し威勢をふるった将門もついに討たれるが、その五日後、良源の戒師で、第十三代天台座主尊意が七十七歳で病没している。天台の統率者として将門調伏の祈禱に心血をそそぎ尽したのであろうか。大講堂で行なった不動安鎮国家法の最中、弓箭を帯した将門が出現、護摩壇の炎の中に焼き尽されたという(『僧綱補任抄出』)。この将門や、その前に起った西海での藤原純友ら地方豪族の反乱は、古代律令体制の矛盾を端的に示した事件であり、もはや地方行政府(国衙)の軍事力では処理できず、中央政府さえその鎮圧は容易ではなかった。また同種の事件が頻発する可能性もあった。こうした事態のなかで宗教のもつ祈禱的性格がより重要視されたことはいうまでもない。

将門調伏と良源

天慶三年、良源二十九歳。この頃の良源の足跡は明らかではないが、賊徒平定について天台宗あげての調伏祈禱に関与し、恐らく読経僧などとして活躍したことであろう。こうした行事を通して、俗権に対する宗教の役割の認識を痛感し、また、横川の修行地としての位置を確認したと考えるのは思いすごしであろうか。

（『摹古絵巻』第30「年中行事絵巻」，宮内庁書陵部蔵）

母の六十の賀

天慶八年（九四五）良源は母の六十の賀を祝い、その長寿を祈って叡山の南麓崇福寺において大乗経六部を書写、三ヵ日間供養を催し、結願の夜、六組の論義を行なっている。講師の中にはかつて南都で対論した法相宗の義昭を

宮中真言院の御修法

招いている（『拾遺伝』）。母への愛情が強く、老母をひとり俗界に置いて修行に専念することに強い不安を抱く日々があったらしい。良源の母はこの頃志賀郡に居住し、わが子の叡山での活躍を祈ったのであろう。のち母のために舎利会を催したり、弟子たちの母親についての老後の生活にこまかな心配りをしていることなども、母に対する孝養のあらわれであろう。良源の伝記資料のなかで、父に関するものはほとんど残っておらず、早く死別したものか。

空也叡山に受戒

天暦二年（九四八）三月四日、良源得度の師薬師寺の権少僧都恩訓が九十歳の高齢で没している。形式的にせよ一度は師と仰いだ高僧である。これより一ヵ月後、近頃市中で評判の民間布教者空也が叡山に登ってきて、座主延昌のもとで受戒し光勝の名を与えられている。空也は天慶初年以来市中に阿弥陀念仏をひろめ、市聖とあがめられていたが、実際には二十歳の時、尾張国分寺で自ら髪を切ったいわゆる私度僧で、法的には正式な僧侶ではなかった。布教方法は口唱念仏を強調するという多少破格はあっても、教理的には叡山の観想念仏主義に立つものである。叡山は目ざましい活動の空也を迎え、空也もまた正式僧であるのに越したことはなく、叡山の処遇に同意したのであろう。しかしこれによって空也が自らの布教方法と信仰態度を改めたわけではなく、延昌から与えられた光勝という名も実際に使用せず、従来の空也で押し通している。空也この時四十五歳、良源三十七歳であった。山上で良源はこの空也を垣間見る機会があった訳であるが、両者が直接交渉をもったかどうかは明らかではない。

念仏僧の姿
（『賀茂祭絵詞』，宮内庁書陵部蔵）

落慶供養堂達

このおなじ年、月日は伝えられていないが、村上天皇の御願によって西塔に建立された大日院の落慶供養が行われた（『叡岳要記』）。本願主、すなわち法会を執行する発起人は座主延昌、以下法会の主役僧七人のうち四人は南都の名僧、残る三人が天台宗の僧侶であった。天台僧のうち堂達、すなわち法会における会場内の諸事をとりしきり、導師に願文等を渡す役で、これを良源が勤めている。位は凡僧（一般僧）の最高位の大法師である。良源がいつ大法師となったか明らかではないが、この頃すでに大法会の役僧となり、実質的に法会をとりしきる実力とその地位を得ていたことが知られる。なお注意したいのは南都から、義昭・法蔵の両大法師が加わっていることである。維摩会の夜の論義で論争した義昭も着実にその資質を伸してきたといえよう。もう一人の法蔵は、やがて良源と激烈な論義を天皇の御前で展開する人物である。しかし、それはしばらく後のことである。

藤原忠平没

義昭と良源の維摩会の論義をとりもったという興福寺の仁斅が、天暦三年（九四九）六月二十二日没している。権大僧都、七十五歳である。良源時に三十八歳。そしてこの年の八月十四日、関白太政大臣従一位、藤原忠平が七十歳で没している。藤原氏の長者として維摩会の夜の良源の活躍を聞き覚え、のち良源に後世の供養を依頼した、あの忠平である。墓所は忠平が建立した法性寺に定められ、葬儀は天台座主延昌が呪願（大導師）、少僧都禅喜が導師(どうし)（主役僧）となり、役僧十三人という配役でとり行われた。良源の名は見えないので、葬儀の一員であったかどうかはわからない。ただ喪家に侍したといわれる（『大僧正伝』）ので、追善行事には参加していたのであろう。ところが、良源の身に何か災厄がふりかかるという不吉な夢の告があった（『拾遺伝』）。これを避けるため叡山に帰ることを藤原氏一族に申し入れた。忠平の長子左大臣実頼(さねより)がこれに反対、それをとりなしたのが次子右大臣師輔(もろすけ)であった。忠平の遺言にしたがって良源を師と仰いだ師輔であったので、深山に籠ったとしても先公の菩提を弔うことに変りはないと、兄実頼を説得した（『大僧正伝』）。こうして良源は山に帰り、単身横川の楞厳院に隠棲し、三百日の長期にわたる大護摩を修し、忠平の冥福を祈ることとなった。

二　修行地横川

忠平、諡号(おくりな)を貞信公(ていしんこう)という。貞信公の冥福を祈って叡山山上は横川の楞厳院で大護摩を行うという。その横川とは、叡山において、また良源にとってどのような位置にある場所であったのであろうか。すでにふれたが、横川は日本天台宗の本拠比叡山における三区画の一つであり、その北端に位置する。横川に行くには東塔からは直接行けず、かならず西塔を通らなければならず、その西塔から三キロの山道を歩かなければならない。

横川の開発

横川の開発は宗祖最澄の時ではなく、最澄の直弟子で天台密教の大成者円仁（えんにん）の時にはじまる。

円仁

天長八年（八三一）三十八歳になった円仁は、この頃病い勝で、余命のいくらもないことを予感し、最後の修業を志し、山の北限に隠棲の地を求め、草庵を結んだ（堀大慈氏「円仁の横川開創始論」『史窓』二八）。ここで法華懺法（せんぽう）や四種三昧の坐禅練行の生活に入り、三年を経過、一夜霊夢に不死の妙薬を得て、不思議にも病を克復した。これを機縁に天台の根本経典である法華経八巻を自ら書写し、小堂を建立して安置した。

根本如法塔

これが根本如法塔（こんぽんにょほうとう）で、首楞厳院（しゅりょうごんいん）ともよばれる横川の中枢部をなすこととなる。天長十年（八三三）九月十五日天台座主義真によって経供養会が行われたのが、横川における最初の公式行事であった。生涯における最後の修行と考えたこの横川での隠棲が、結果的に円仁の健康を回復させることとなり、承和五年（八三八）から九年におよぶ入唐行を決行させる一大転機をもたらしたのであった。出発に先立ち「首楞厳院諸院預（あずかり）」や「首楞厳院式九ヵ条」などの規定を定め、その経営を申し残したが、承和十四年秋、入唐求法（にっとうぐほう）の旅を終て再び横川に帰った時、横川はかなり荒廃したものとなっていた。仁明天皇をはじめ藤原氏一門の助力を得て、根本如法塔を方五間の立派な堂に改修、嘉祥元年（八四八）この堂の完成法会を行なっている。一方これと平行して根本観音堂を建立し、同三年この落慶供養も行なっている。本尊を聖観音、左脇侍が毘沙門天、右脇侍に不動明王を祀るという変則的な三尊像である。本来この堂には阿弥陀像を配して、東塔の薬師、西塔の釈迦とそろえて最澄の意図した塔形式を遂行しようとした。しかし、円仁が入唐の際に難破しかかった時、観音と毘沙門天の奇瑞により危く難を免がれ、その宿願を果すために計画を変更、これに円仁の密教的な関心が加わったものであった。こうして小規模ながら西塔に続いて横川の伽藍配置が発足したのである。実頼の懇望をふり切って横川に籠ろうとした天暦三年より百年近く前のことであった。円仁はこの嘉承三年のあと、仁寿四年（八五四）、永い間空白であった第三代天台座主に推され、横川から東塔に移り、前唐院を住房として以後、一山全体の経営のなかで横川を眺めることとなる。

座主となった円仁は、横川のその後の衰退の危険を予測したものか、摩訶止観の行業を中心に住侶の団結と育成、とくに安置している如法経等の移動を厳禁している。第一

横川長吏

代の横川長吏（統率者）に円仁の直弟子安恵が任命され、この安恵は円仁没後、第四代天台座主となり、第二代長吏はこれも同じく円仁の弟子の慈叡があとを継いでいる。この慈叡のあと円仁の危惧が現実となり、第三代の鎮朝が任命されるまで長い荒廃の時期がくる。

横川の荒廃

横川が叡山山上の最北端の遠隔地であり、円仁門徒に替って、叡山のもう一人の理論家円珍の登場とその門流の発展のこともあって、次第に円仁派の名跡地が放置されることとなったのであろう。長吏が定められず、恐らく円仁との関係から東塔前唐院の所管するところとなったと思われる。延喜十二年（九一二）冬、如法堂の燈油料として近江国の正税があてられることとなったが、以後も如法堂の燈明が明々とともったかどうか疑わしい。如法堂の管理が行きとどいていなかったことは、延長四年（九二六）、根本如法堂にみだりに入る事を禁ずる牒状が前唐院から出されていることからも知られよう（『如法経濫觴類聚記』）。

浄蔵横川に祈禱

こうしたなかで行われたのがさきにもふれた天慶元年（九三八）の浄蔵の祈禱であった。都を震撼させた逆賊将門の調伏の秘法を行う地として、横川はまさに恰好の地であった。叡山最北の荒廃した地、しかもそこは円仁が心血をそそいで書写した根本経典を安置する由緒ある地でもある。場所といい、格といい、まさに秘法・荒行を行うのにふさわしい所であった。浄蔵はこの祈禱とその後の予言（将門の首入京）によって、一層その験力のすぐれていることが喧伝された（『大法師浄蔵伝』）。この後第三代の長吏に鎮朝が任命され、老朽した如法堂の修理が行われたらしいが（『天台座主記』）、それも一時的であった。横川は数人の住僧でわずかに守られている状態であった。

隠棲の意図

良源のすぐれた資質を愛する幾人かの僧侶はあっても、円仁派のそのまた傍流の彼を、強力に引き上げてくれる師僧はなかった。横川の地に拠って、良源自身の力によってここを整備、良源の理念を実現しようとしたのではなかろうか。良源の弟子梵照はこの頃の模様をつぎのように記している（『拾遺伝』）。横川は検校（長吏）鎮朝の命をうけ、延峯（えんほう）が

住僧延峯の奇行

預職として管理していた。住僧わずか両三というから二－三人であろう。この延峯は常人とは異なった法師で、たまに横川に居住を願い出る僧があっても、居住しない（永住しない意か）者の造作は承引しないとして、草庵を結ぶことを許さなかった。何故僧侶の入山を拒むかについては、この山を受け継ぎ、栄えさせる人を待っているのである。その主人はまだ自分自身その使命を自覚していないと説明している。その人こそ良源であり、良源が横川入りを申し出た時、延峯は手を打って喜び、永年の思いが叶ったといった。

定心房

定心房の規模

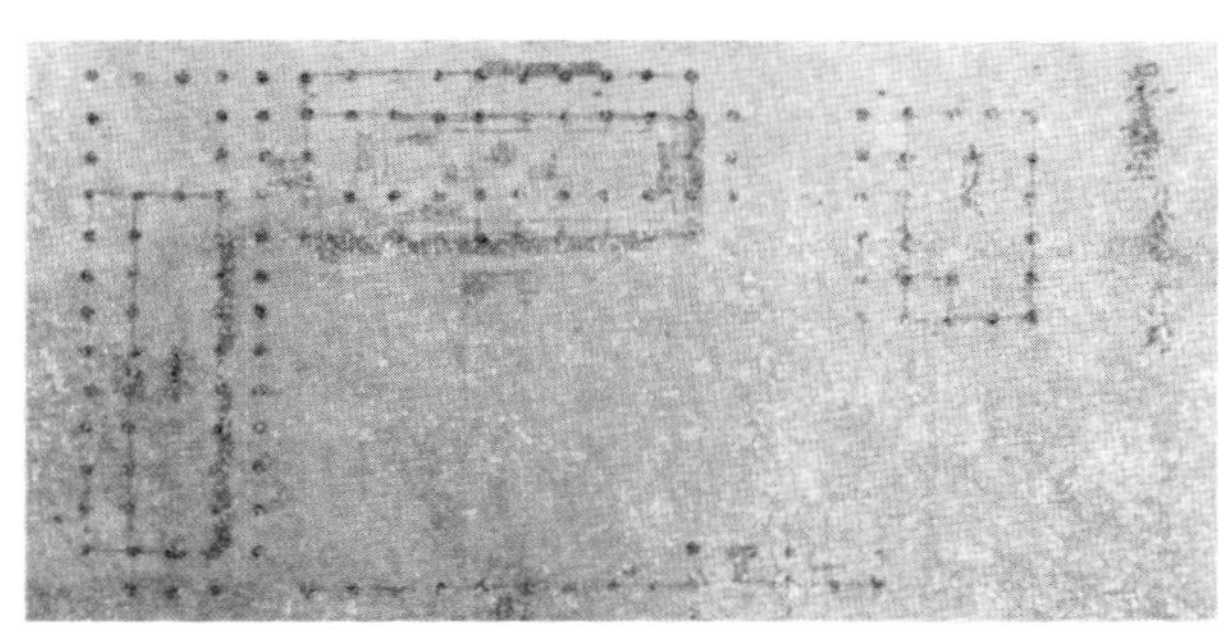

良源の私房定心房平面図（『門葉記』巻131，青蓮院蔵）

こうして横川は主人たるべき人を得て、仏法が盛となる。初め良源は南谷地に居を構え、やがて良源の本拠地となる定心房（じょうしんぼう）を造った。以上が梵照の記文を取意したものであるが、延峯が良源を待ち望んでいたというのは、いかにもでき過ぎで、これも良源出生時にまつわる霊異譚と同種のものではあるまいか。横川での最初の居所を南谷地としているが、良源は晩年弟子たちに遺言を残しており、これにも南谷根本房地、「件地根本庵室」と見えているのと一致する。また、定心房についても、

檜皮葺（ひはだぶき）一宇 母屋五間、庇四面、孫庇三面 孫々庇一面

西板葺屋一宇 母屋十三間、庇四面

東板屋二宇

とあって、その規模が窺われる（『慈恵大僧正御遺告』）。もちろんこれは良源晩年の整備された規模であり、入山当初

四季講堂

は小さな庵室程度のものであったであろう。ここは、のちに良源の命により、春夏秋冬の四季にわたって大乗経典の論義が行われたため「四季講堂」（現在は元三大師堂とも）と呼ばれるようになる。このことはともかく、良源は横川に入山したのである。

三　藤原師輔と

村上天皇皇子

良源が横川に籠ったつぎの年、天暦四年（九五〇）五月二十四日、村上天皇の皇子が誕生した。御母は安子、藤原師輔の娘である。村上天皇には、この年これより早く、藤原元方の娘、祐姫が産んだ第一皇子広平親王がおり、これに続く第二皇子ということになり、憲平親王と命名された。天皇はこれまで皇子を持たず、東宮の決定もないままであった。

元方対師輔

元方・師輔共にわが子からの男子出生を願い、その子が皇嗣として東宮に冊立されることを熱望していたのである。幸か不幸か両腹ともに男子であった。元方は、同じ藤原氏ではあるが、権勢時めく右大臣師輔（従二位、右大将）に対して、不安を感じながらも一歩先んじた優位にすがろうとした。一方、師輔としては、中納言でしかない下位の元方（従三位、民部卿）に遅れをとった無念さは若干あるとしても、相手方に立太子の宣旨が下されていない以上、その存在はとるに足らないとしていたであろう。事実、憲平親王の誕生に際しても、第一皇子広平親王と同様に、天皇より御守として御剣(みはかし)一振、ほかに虎(とらの)頭(かしら)・犀角(さいかく)(魔除け)など皇嗣誕生の処遇で贈物がとどけられ、勅旨として「今ヨリ以後、殊ニヨク祈願ヲ成サシメ、兼テ験僧ヲモッテ守護セシメヨ」との言葉を賜っている。師輔は重服(じゅうぶく)の身で、本来ならば出産前後の諸事を取りしきることははばかられるのであるが、こうした非常の際は物忌どころではないらしく、出席して行事を指図している。

師輔・元方関係略図

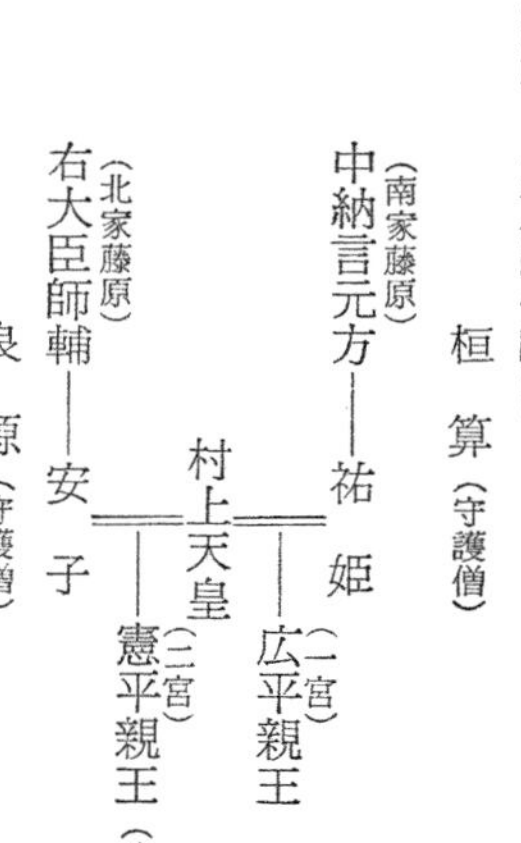

良源巻数を師輔に送る

師輔の外孫誕生の三日目、叡山から皇子安産と産後のすくよかな肥立を祈った護摩の巻数（かんず）（読経の回数等を記した一種の祈禱札）が送りとどけられた。師輔は早速書状をしたため、返礼として信乃布（しなぬの）（信濃産出の布）二十段を送っている。叡山での宛先は横川の良源である。師輔は良源のことを「彼師私君ヲ奉仕スルトコロナリ」（『九暦』）と記している。叡山横川に籠った

数をとどける僧侶（『春日権現験記』巻6，宮内庁侍従職保管）

変成男子の秘法

良源は、忠平の冥福を祈ると同時に、師輔の依頼を受け、新皇子誕生の祈禱と、生育の祈禱を行なっていたことになる。もちろん後世の付会ではあるが、この時良源は烏枢沙魔法（うずさまのほう）という変成男子（へんじょうなんし）の秘法（胎内の女子を男子に変える法）を用いたという（『阿娑縛抄』『諸法要略抄』）。あるいはこれに類する修法の功力をのべたのであろうか。いずれにしても、以後二人の親王の東宮決定をめ

師輔方守護僧

貴族の家に祈禱のしるし巻

ぐる不安な情勢の中で、憲平親王を守護する験僧は重要な位置となるわけでもある。師輔にとって良源の存在が「私君」の守護僧として、はなし難いものとなったのである。元方側にはおなじく叡山の桓算が守護僧としてついている。

東宮護持僧となる

この年の七月二十三日、大方の予想したように憲平親王が皇太子と定められた。良源は推されて東宮護持僧となった。年三十九歳、法﨟二十三年である。この時良源は大法師位であるが凡僧、すなわち僧職をもっていない。ここにはじめての役職、しかも重職を与えられたことになる。東宮護持僧の任命が下ったが、良源はこれを数度辞退し、藤原師輔の強い要請によってやむなく就任したという(『大僧正伝』)。ただ、凡僧で若輩僧でもある良源が大役を前に若干の遠慮は見せたとしても、卑位の良源を護持僧という大役に抜擢することに難色を示すのは、任命する朝廷の方にあったとすべきであろう。それを強引に師輔が推挙したとする方が自然である。こ

座主となる夢告

れより先、良源は横川籠山中のある夜、本山の座主となるべき夢を見た。現世の栄進を願って修行を行なってきたわけではないのに、なぜこのような夢告があるのか疑問であった。しかし『稲幹喩経』のなかに「懸命に菩提を求めれば、その結果として現世の最上位が約束される」とある文言を思い出して、納得した（『大僧正伝』）。天台座主への道が夢告のように開けるということであろうか。

元慶寺覚恵阿闍梨職を譲る

天暦五年、元慶寺の別当覚恵は八十歳を超えた高齢となった。かつて梵釈寺にあって良源に叡山入りをすすめた僧で、入山以後も折にふれて指導した一人であろう。良源の資質を見ぬいた者として、若くして東宮護持僧に就任したことに誇りをもち、最後の賜り物として自らのもつ阿闍梨職を与えた。天台の大法を習得した者の最上階の資格として重んぜられる阿闍梨は定員があり、容易に取得できるものではなかった。良源の場合は覚恵からその地位を譲られたわけである。時に良源四十歳、法臈二十四年、世人はその昇進の余りに早いことに驚嘆した。

淳祐に師事

天暦七年七月二日、石山寺座主淳祐が六十四歳で没している。内供奉十禅師（宮中に参内して特別な祈禱に従事する高僧）を勧め、真言密教、醍醐寺三宝院流を伝え、悉曇（梵字）の学に長じた。良源は生前、他宗ではあるが、この碩徳にわざわざ師事し、受法している（『密宗血脈鈔』）。ずっと後になって、真言宗側は、淳祐の室に良源が訪ねてきたが、他宗であるため、ただ浅略のことだけを教授し、深奥の儀は教えなかったとしている（『諡号纂』）。淳祐ほどの高僧がそんなケチなことをしたとは考えられず、これは後代のさかしらから出た取り繕いであろう。若くして破格の昇進をはたす良源は、こうした他宗の名匠にまで師事勉学した実績をも考えるべきである。

元杲との交友

淳祐門下の元杲と親しくなり、他宗ではありながら晩年にいたるまで長い交友を続けることとなる。

天台僧日延の渡海

おなじ月、右大臣師輔の親書をたずさえ、天台僧日延が、わが国に現存する智者大師智顗関係以下主要経典類の書写本を多数もって、海波の彼方呉越国天台山目指して旅立って行った。

天台経典の逆送

天台宗の本家というべき中国へ、日本天台が、本家の根本経典類をいわば逆送するということはどういう理由によるものであろうか。当時中国は唐末五代の争乱時代であり、円仁が遭遇した会昌の廃仏（八四二）や後周世宗の廃仏などもあって中央の仏教は壊滅状態となっていた。こうした中で南方地方天台山を擁する呉越国がひとり法燈を守る有様であった。天台山徳韶は国王銭弘俶に助力を仰ぎ、散佚した経典類を補塡するため、これらを存する高麗と日本に援助を求めたのである。すでに遣唐使派遣をやめていたわが国は、呉越国との交渉は続けており、承平六年（九三六）左大臣藤原忠平・天慶三年（九四〇）左大臣藤原仲平の呉越王宛書状、天暦元年（九四七）左大臣藤原実頼宛呉越王書状などがこれまでに知られている。徳韶の依頼をうけて叡山では天台座主延昌が経典を繕写し、日延が使者となったのである。日延は大役を果し四年後の天徳四年、多数の中国新刊典籍類をもって帰朝するがこれについてはあらためてふれよう（桃裕行氏「日延の天台教籍の送致」『森克己博士還暦記念、対外関係と社会経済』）。

師輔・伊尹横川に登る

天暦八年十月、右大臣師輔は長子伊尹（これただ）を引つれて叡山に登り、横川に身を運んでいる。師輔が援助して創建中の法華三昧堂の火入れ式に立会うためである。ふつう京都から叡山に向う場合、二つの主要路がある。

叡山への主要路

一つは山科街道を通って大津に至り、琵琶湖東岸を坂本に向って北上、日吉神社のあたりから叡山に上る近江側の道である。いま一つは北白川から修学院の東を通って雲母（きらら）坂を上る山城側の道である。近江側の登山口坂本は東坂本、山城側の修学院口はこれに対して西坂本とよばれている。

小規模な一行

十月十六日子刻（午前零時頃。当時の一日の境は午前零時ではなく、丑・寅の間、午前三時頃）、すなわち夜半に出発した師

高明、師輔と合流

輔の一行は、ふつうこうした旅行につきしたがう弁・少将を加えず、小規模のものであった。翌十七日寅刻(午前四時頃)に会坂関に至り、卯刻はじめに(午前六時頃)坂本に到着、三キロ半の東坂を上って東塔の講堂の西庇に作られた幕舎に入っている。辰刻(午前八時頃)大納言源高明(たかあきら)が山城側の西坂を上って師輔と合流している。このほかに公卿が一人も加わっていないことに注意しておこう。講堂で仏経の供養を行い、僧侶の労をねぎらい師輔は堂の具一式を新作寄進し、法会の主役七僧に法服を与え、百僧に布施、また満山、当時千八百余人という僧にも各々何がしかの配り物を与えた。こののち横川に向い、

横川到着

未初刻(午後一時頃)到着、良源に会っている。師輔は「座主」という表現で良源を表わしており、すでに良源が横川の統率者であることを示している。

師輔の誓言

十八日はいよいよ法華三昧堂の長明燈(ちょうみょうとう)の点火式である。堂は未完成で仮屋を立てての法会であった。まずこの堂として初めての法華三昧が行われ、僧大仏が導師、智淵律師が呪願(じゅがん)、良源が啓白(けいびゃく)という配役であった。ついで火打式である。師輔は火打石をとりあげ、自らつぎのように誓いの言葉を述べた。

此ノ三昧ノ力ニヨツテ、マサニ我一家ノ栄ヲ伝エ、国王・国母・太子・皇子・三

公・九卿ノ栄華ノサカリガ、踵ヲ接スルヨウニ絶エルコトナク、朝家ニ充満スルヨウニ、モシコノ願ガ叶ウノデアレバ、コノ石ヲ三度打ツウチニ点火スルヨウニ（『大僧正伝』）

こうして火打石を打つと、はたしてただの一度で発火した。祈願成就の兆しと、並居る僧俗の出席者は躍り上って喜んだ。師輔はこの火を長明燈にともし、以後法華三昧堂の不滅の燈明としたのである。この後法花懺法（ほっけせんぼう）が行われ、師輔と長子伊尹は布施として銭二十連ずつ寄捨している。

師輔山上三日目

十九日、師輔山上第三日目である。この日は昼に法華懺法が行われ、また夜は、今度の師輔の来山にさいして十五日から五日間の不断念仏が催されており、この日が結願の日にあたったので、その労をねぎらい師輔は着用の鈍色（にびいろ）の袿（うちかけ）を導師大仏に与えている。また昼間の時間を利用し、横川の諸堂を巡拝している。慈覚大師円仁がこの地を開いた由緒の場所如法堂、横川の中心部の中堂、昨日法会の呪願役を勤めた智淵の房などである。

二十日、良源の指示で阿弥陀経の講経が行われ、十組の問答があり、師輔はこれを陪聴している。

師輔帰京

二十一日、師輔帰京の日である。滞在中の諸事の労として、師輔は良源に錦袈裟等を布施として与えている。出発にあたり懺法を行い、巳刻(午前十時頃)出発、山中で少納言以下の出迎えを受け――したがって少納言らは横川に随行しなかったか――、申刻(午後四時頃)九条邸に帰宅している(以上『九暦逸文』)。

師輔と良源の思惑

師輔の状況

天暦八年十月十六日から二十一日までの横川行についてやや詳しく見てきた。この横川行は、師輔と良源の思惑がガッチリとからみ合ったものである。師輔は十八日に誓っているように自らの子孫の繁栄の祈願である。この時師輔にとっては長女安子――村上帝女御――から出生した憲平親王が皇太子に冊立されて一安心、さらに広平親王を擁した大納言藤原元方が失望のあまり天暦七年三月に悶死し、直接の競争相手もいなくなった。まさに順風に帆を上げての出発といえるようである。しかし何の憂いもなかったであろうか。元方は死んだが、今度は怨霊としての祟りがないとはいえない。栄華を妬む呪詛もあるかもしれない。これらの攻撃を避け、一門の一層の繁栄を願う方法として、すぐれた験者による祈禱にまつのが一番である。師輔の意にしたがって、手足のように動いてくれる僧侶が必要となる。その条件に合致するのが、しきりに師輔に接触しようとしている良源であった。

良源の位置

一方良源についていえば、晩年つぎのように回顧している言葉がある。「良源登壇受戒以後、山ニハ提奨（推挙）ノ師縁ナク、里ニハ顧眄（ふりかえる）ノ檀越（施主）ヲ欠ク、只山王ノ慈悲加護ニヨリテ、タマタマ住山修学ノ志ヲトグ」（「上山王権現願文」『天台霞標』所収）。たしかに師主理仙死去のあとの混乱を思い出せば、良源の山における位置の不安定さは明らかである。もちろん覚恵のように良源を認めた師もあり、船木良見のような俗人もないわけではなかった。しかし、良源を横川の主としたものは、やはりたぐいまれな良源の才能であったとすべきであろう。興福寺維摩会の番論義、藤原忠平との知遇、皇子誕生の祈禱、その間幸運にめぐまれ、ようやく現在の位置まで上って来たのである。円仁門徒として傍流に属する良源が、住僧わずか数名であった横川を拠点としてこれを整備しだしたことは、その着眼点の見事さもさることながら、西塔・東塔での活躍が期待できないという一面もあったのであろう。

円珍派全盛

良源が叡山に上った延喜二十三年（九二三）の延暦寺座主は丁度第十一代良勇から玄鑒への交替期であった。以後結果論からいえば、円仁派の座主時代が到来することになるのであるが、修業僧時代の良源がそのことを予見したかどうか明らかではない。しかしいえることは、円珍派全盛の間に荒廃した円仁の名跡地横川が、円仁派の時代の到来によって再興される機運を内在していたということである。この時期に、良源が円仁派を主張することはきわめて効果的なことであった。

円仁派良源

円仁派の座主の下に、円仁派を主張する良源が横川を整備したいと願う時、意外と容易に道が開けたのであろう。しかも権勢家藤原氏との関連があるとすればなおさらであった。横川での修法中皇子の誕生を見たことは良源の法力というべきか、幸運というべきか。藤原氏の中で、横川の開発に力を借してくれる人物は、長子実頼(さねより)を凌ぐ実力者師輔ということになる。良源は有力檀越として師輔を必要とし、師輔もまた有能な験者を求めていたということである。

良源への褒賞

親王の誕生から皇太子の冊立、そのすこやかな成長と政敵の脱落、こうした好条件の出現の裏方として良源の功をたたえその褒賞を与えることが必要となった。横川の整備を望んでいる良源に、法華三昧堂を建立寄進することがそれであった。さらに師輔はこの堂に六口の僧侶を定置させ、のちに常燈料・修理料・八講料として、岡屋庄百六十余町を施入している（『慈恵大僧正御遺告』）。良源との接触は、横川行によって終りを告げたのではなかった。過去の褒賞だけではなく、新しい要求がさらにあった。それが十八日の誓いの言葉である。自らの一門の女子が后となり、皇子を産み、それが国王となり、男子は廟堂に列して政治に参与する。祈禱の力によってこうした栄えが永続することを切望しているわけで、この願いが叶うのであれば、さらに新しい褒賞を用意するというのである。その褒賞とは、師輔の子孫が、良源の法系を後援するということである。師輔はこの約束を「良源ノ門徒」といわず、「慈覚大師ノ門徒ヲ帰依シ」（『座主宣命』）といっている。良源は慈覚大師すなわち円仁の法系に属する。願意は良源の面前で行われたものので、良源といわなくとも良源を指すことは明らかである。そうはいっても何故良源と直接名指しなかったのであろうか。そこには良源の叡山全体における位置とその認識にあった。

師輔の要求

新しい褒賞

師輔密行

師輔の側には良源の後援を秘密にすべき理由はない。しかし師輔の願意は、他の誰もが持っているものであっても、公然と他に示すべき筋のものではない。小規模な人数で叡山に登り、しかも少納言以下を東塔に置いて身内のみで横川に入っているらしい（二十日帰山の日、山中で少納言らと合流している）のがそれである。師輔は四十七歳、従二位右大臣の地位にある。つき従うのは長子紀伊権守伊尹、三十歳、と大納言源高明である。高明は醍醐天皇第十皇子で延喜二十年臣籍に降下、源姓を賜った名門でこの時四十歳、師輔第三女の夫である。憲平親王出生の褒賞と、一門の繁栄を祈願するこの叡山横川行きに長子伊尹と共に女婿高明を加えていることは、師輔の信頼を高明が受けていたことを示している。結局この一門における高明の占める重さが師輔の死後逆作用して、安和（あんな）の変における高明の失脚につながるのである。それはこの時より十五年後のことである。師輔の子々孫々が良源の法系を後援するという約束を、伊尹・高明という保証人をつれて行ったということになる。一応密約である。しかし師輔の良源に対する肩入れは誰の目にも明らかである。重ねていうが慈覚大師の法系での傍流であり、新参、成り上りの身である良源が、師輔の後援を秘密にする理由はない。そしてその関係を最も効果的に表示することが、良源その人への後援という形を避け、慈覚大師の法系に帰依すると表明してもらうことであった。このことによって慈覚派内での良源の認識の強化と、良源個人への嫉視をボカスことである。こうして良源の立場は確立され、新たな発展への飛躍の

伊尹と高明

安和の変

師輔の後援

用意がなされたのである。

宮中法会僧の配役

師輔を横川に迎えたほぼ一ヵ月後、明年行われる宮中、村上天皇御前の宸筆法華御八講の配役僧が発表された。これは天皇の御母穏子の菩提を弔うため、天皇自らが書写した法華経によって八講を修するものであった。この法会の中心は、法華経八巻を分担して八人の僧が経義を講説する講師の役である。講師の内訳は、興福寺四人、東大寺二人、延暦寺一人、元興寺一人の八人、うち五人までが六十歳以上で、このほか法蔵（東大寺）四十八歳、良源（延暦寺）四十四歳、義昭（元興寺）三十六歳となっている（興福寺本『僧綱補任』）。

若輩良源

延暦寺を代表して選ばれた唯一の僧良源は義昭につぐ第二番目の若輩ということになる。法蔵・良源・義昭の三人はいずれも講説を得意とする学僧で、年齢は若いが単なる情実による選抜とするわけにはいかない。しかしこの三人がいずれも師輔の祈禱師であった（『大僧正伝』）とすると、その間師輔の後押しがあったことも間違いあるまい。とくに良源はこの三人の中で僧位は最下位であったらしく、それだけに用意を怠らなかった。指名を受けた翌月、十二月五日、これまでしばしば顔を合せ、しかも今度の八講に同じく指名されている元興寺の義昭を招き、四日間の法華八講を行い翌年に備えている。しかも聴衆として師輔の出席を仰いでいる（『扶桑略記』）。

宮中御八講のはじめ

天暦九年正月四日、弘徽殿において行われた宸筆御八講は、宮中で行われた御八講の最初であり、僧綱や諸寺の名僧六十四人が動員され、盛大に行われた。右大臣師輔が上卿（上席奉行）、蔵人少将伊尹が奉行職事（担当官）、良源は「いまだ大法師にて講師八人のうちに寂末にて参勤したまひける」位置にあり、「法験無雙の名師、観音大士の化現なれば、さもこそ君も臣も帰敬申給ひ」という活躍であり（『延徳御八講記』）、師輔たちの目を意識してのものであったろう。

母七十の算賀
母を苗鹿に移す

この年七十になった母のために算賀の行事を行なった。そして横川から琵琶湖側に下った東麓、苗鹿に老母の居を定め、朝夕、良源の修行する山上を仰ぎ見るよすがとした。良源も高齢の母を身近に置きたかったのであろう（『拾遺伝』）。同じ年六月四日、宗祖最澄の忌日を中心として行われる法華会、いわゆる六月会を横川で行なった。講師となった

横川法華会

良源の講釈は、従来のものを一新する説をのべ、その美事さは人々の口から口へと伝えられた。師輔の後援も力が入り、例年に倍増する供菓・盛物を七ヵ日間送り続けた。また勧命・円賀・寛恵・弘延ら先輩僧をつけて行事を盛大にしようとしたが、良源は固辞

師輔出家後の居所を横川とする

して受け入れなかった。横川を良源の意志通りに固めようとしたものであろう。こうした良源に師輔は、自分の出家後は横川を隠棲の地としたい。したがって房舎をその心算で整えることを命じている。師輔の住房として準備されだした房舎は、その完成を見ないうちに師輔の薨去となる（『拾遺伝』）。しかしこれはしばらく後のことである。

師輔五十賀

天徳元年（九五七）師輔は五十歳になった。彼の娘で村上天皇の妃となっている安子は、父のために四月二十二日、内裏飛香舎（ひぎょうしゃ）において五十の賀の祝を行なっている。そして師輔の長寿を祈って五ヵ寺に諷誦（ふうじゅ）（引声読経の祈禱）を修している。この五ヵ寺とは、興福寺・法性寺・極楽寺の三寺のほか比叡・横川となっている。興福寺はいうまでもなく藤原氏の氏寺、法性寺は師輔の父忠平、極楽寺は師輔の祖父基経が各々創建したもので、いずれも藤原氏・師輔にとって縁りの寺院である。安子はこの三寺のほかに比叡山と、その比叡山とは別に横川を一寺として、合計五寺の諷誦を修している。師輔と横川の関係を如何に重視しているかが知られる。横川で良源は、師輔の五十の賀を祝い、心から師輔の長寿を祈禱したことになる。この布施として良源は信乃布百端を受けている。

師輔室の平産を祈る

この年の五月十一日、師輔はその邸坊城第（ぼうじょうだい）に良源を招き、室康子（こうし）内親王の平産を祈らせている。康子内親王は醍醐天皇第十四皇女。師輔は内親王を妻に迎える性癖があったのか、偶然そうなったのかは判らないが、しかもその妻を次々に失う運命にあった。最初は醍醐天皇の第四皇女勤子（うくし）内親王、つぎに第十皇女雅子（がし）内親王、三番目が康子内親王である。とくに雅子内親王を天暦八年、病いで失った直後に世人の非難を浴びながら康子内親王を迎えたものであった。天暦九年のちに東寺長者となった深覚をもうけ、二子目の出産がせまってきた。康子内親王は今度の出産が難産であることを予感したものか、師輔に自分の命の長くないことを告げており、師輔はこれに対して、若しそのようなことがあれば、直ちに後を追って死ぬこと、若し不幸に死ぬことが叶わないなら出家して二度と妻を迎えないことを誓っている（『大鏡』公季）。医学の未発達な当時、そうでなくても出産時における母子の危険度は非常に高いものであり、祈禱が入念に行われた。良源は六口の僧侶をつれて、我朝初めての秘法、七仏薬師法を七日七夜、坊城第に修した。しかしこの祈禱の甲斐なく、康子内親王は六月六日、公季（きんすえ）を出産して世を去るのである。康子内親王時に三十八歳、師輔五十歳であった。

師輔の誓

日延帰朝

七月の末、四年にわたる長期の旅を終えて叡山天台僧日延が帰朝した。大唐天台山の

『瑞応伝』の渡来

依頼で天台教典類を送致したものであるが、帰国にあたってわが国未渡来の内外典籍千余巻をたずさえてきた。このうち外典、すなわち仏書以外は朝廷に献じられ、内典は「台嶺の学堂」に収められた。叡山山上に置かれた法門のうちの一冊『往生西方浄土瑞応伝』をのちに源信・慶滋保胤が見るところとなり、『往生要集』の中に引用されたり、『日本往生極楽記』の選述の契機ともなるのである。この時源信十六歳、良源の下にあって修行中の若輩が容易に近づけるものではなかったであろう。一方保胤は二十五歳前後、文章生で内御書所勤務、外典類の一部を書写したかもしれない。しかし叡山山上の仏典に関与できる立場でもないし、興味もなかったであろう。『瑞応伝』が彼らの関心事となったのはなお二十八年ののちのことであった。

『九品往生義』の編纂

ところで良源の著作として『極楽浄土九品往生義』が知られている。冒頭に「台山僧良源仰ヲ奉ジテ略註ス」とあって貴人の下命によることが窺われる。この貴人は誰であろう。日延将来の初宋天台の浄土教理論の流入、その室の死(天暦十一年)による師輔の浄土への関心、師輔と良源との結び付き、このような条件を考えると、師輔の下命による良源の述作はきわめて自然な推測となろう。良源著『極楽浄土九品往生義』はしたがっ

師輔の下命

て師輔の下命を受けて天徳元年の末以後数年間に完成したものとしておく。

真言堂

良源著述のことはともかくとして、良源と師輔との結び付きは、公私にわたって強固なものとなり、師輔は良源を後援して横川楞厳院の東北に真言堂(しんごんどう)を創建するための用材の準備を始めた。真言堂は師輔の生前中には完成できず、娘安子がこれを整えることとなる。

良源の後継者

最愛の妻康子内親王の死は、自らの死と、残された一門の将来という問題をより現実的に考えるキッカケとなったようである。現在は良源という名僧を一門の祈禱師として持っているが、その後継者がどのような者であるかは判らない。極論すれば、現在資財をつぎ込んで整備している横川も、明日は政敵の祈禱師の拠点となるかもしれないのである。こうした杞憂(きゆう)をなくすためには、一門の中から直接一門のための祈禱師を作り出せばよいのである。師輔は康子内親王の忘れ形見、公季をいれて十二人の男子を持った。

第十子尋禅の出家

天徳元年(九五七)時点で第九子為光までをすでに官途につけ、第十子尋禅、十七歳、第十一子深覚、三歳、第十二子公季、一歳の三子が残っている。深覚・公季の幼児は別として、尋禅も当然官界のコースであったろう。しかし師輔はこの尋禅を僧侶としたのである。天徳二年八月、天台座主延昌のもとで受戒した尋禅は、師輔との関係から当然のこととして良源の弟子として付された。良源の側からいえば、この尋禅を優遇することが、とりもなおさず師輔の信頼を得ることになり、一方の師輔にとっても、良源を後援することが、良源没後の尋禅の位置を約束させる形となり、その時期には確実に一門の者が祈禱師となるわけである。それにつけても師輔と良源との約束でかわされた「慈覚大師ノ門徒」という言葉は巧妙な表現といわざるを得ない。

第三　良源独歩

一　師輔没後

尋禅、良源に師事

師輔の息尋禅が叡山に登り出家した。横川における住房は妙香院として知られているが、これは師輔の遺言にしたがって施入された財物によって、のちに建立されたと考えるべきであろう。この時期、良源の住房定心房に入室、良源に師事した。定心房は横川中堂の東北に位置し、檜皮葺屋根をもつ五間間口の堂と、その西に板葺屋根の十三間間口の房舎二棟が良源没時の規模として知られている。これはもちろん、良源が功成り、名遂げた後のもので、尋禅を迎えた時はもっと小さな規模のものであったろう。尋禅は禅師の君とよばれ(『多武峯少将物語』)、手厚いもてなしを受けたようで、良源と師輔は尋禅を紐帯として、いよいよ固く結び付いたのである。

師輔の死

愛妻康子内親王との生前の約束にしたがったものか、師輔の死は意外に早く、尋禅を山に送った翌々年の天徳四年（九六〇）五月、世を去る。時に五十三歳であった。師輔は死にあたって遺言し、所有の荘園を横川の尋禅に分与している。それは、洛内、西京の五条の田園以下、山城（猪隈庄）・摂津（為奈・富田両庄）・河内（野田庄）・伊勢（内田庄）・遠江（豊田栗栖庄）・越中（大家庄）・丹波（佐々岐園）・但馬（大浜庄）・備後（堺庄）各国の合計十一ヵ所である（『華頂要略』五十五上）。入山三年目、修行中の若僧が如何にその生家が権勢家であったとしても、分与された財産を自由にする権利は認められない。当然師に管理が委託され、その所属する宗団の要用に供されることになる。こうして良源は、尋禅を媒介として師輔の遺領の管理をまかされたことになる。これとは別に、良源が師輔から直接受けた遺産もある。近江国岡屋庄の田地百二十余町が横川の法華堂用として贈られている。この他、師輔を領主と仰いだ近江鞆結庄の角武連が伝来の所領六十余町の田地を、師輔（生前）を介して法華堂に施入していることもある（以上『慈恵大僧正御遺告』）。良源は有力な後援者を失ったが、師輔は檀越として莫大な所領を遺したのである。ようやく横川を整えた良源は、さらに潤沢な財力を得たのである。

尋禅に荘園分与

良源受取分

師輔の葬儀と良源

師輔の葬儀は九条の坊城第（九条坊門南、町尻東）で行われたと思われるが、これに良源が

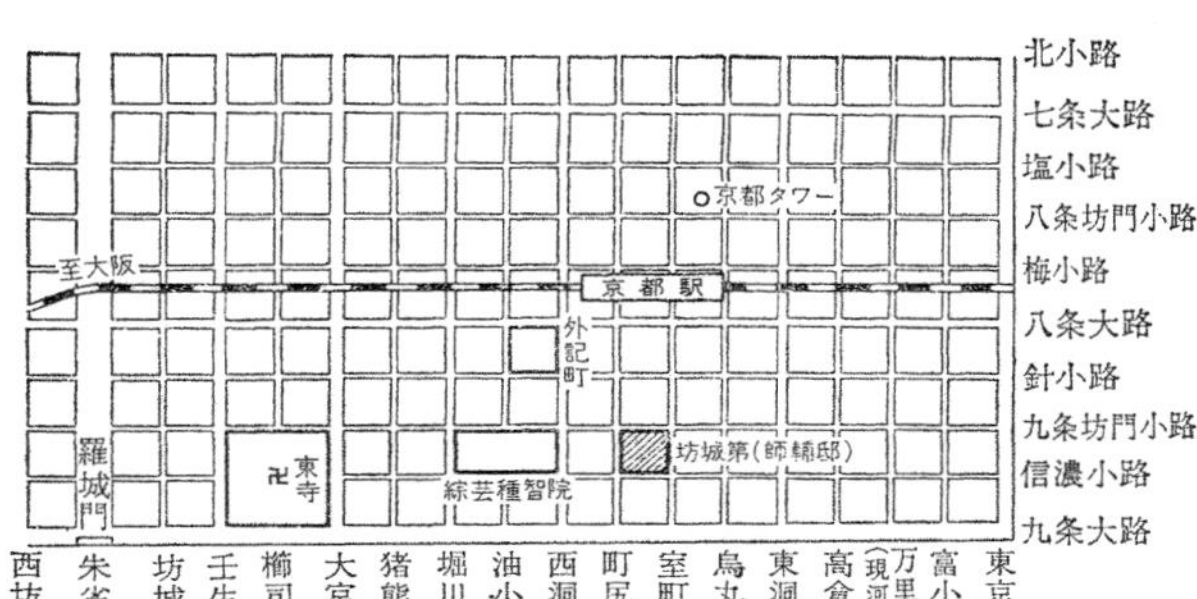

坊城第（藤原師輔邸，九条殿とも）位置略図，
現在の京都駅の南，東寺の東

どの程度かかわったか明らかではない。先代忠平の死に際して、良源は一族の制止をふり切って横川に隠棲、三百日の大護摩を行なったことがあったが、師輔の死にあたっては、このようなことはなかったらしい。良源と師輔の方が、良源と忠平との関係より深いものであることは疑いもない。にもかかわらず忠平の場合に見せたような積極的な態度を、師輔の場合には見せないのである。これは、かつての良源が藤原氏と強固な師檀関係を持たず、また叡山山上に確固たる布教の足場を持たない、きわめて不安定な立場にあったことに起因する。どうしても良源は忠平との関係を、忠平の遺族たちに強烈に印象づける必要があったのである。それに反して師輔没後のいま、確固たる拠

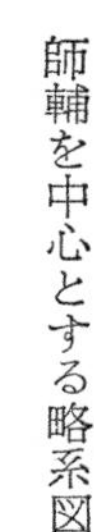

師輔の遺児たち

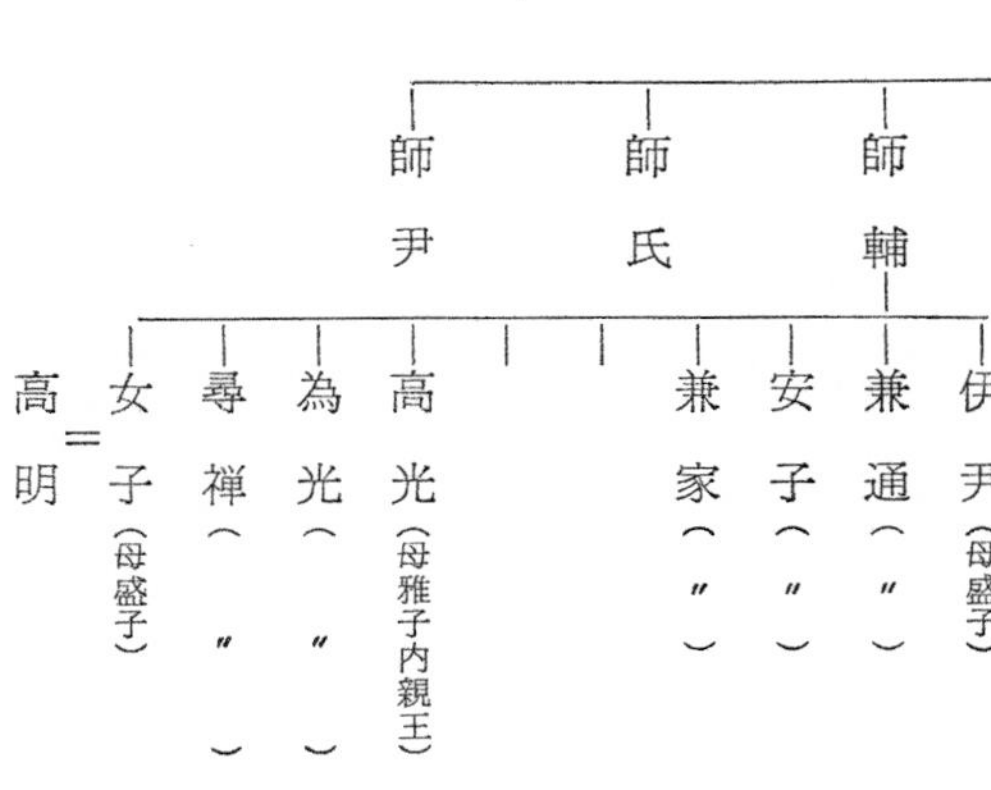

点を横川にもち、尋禅を紐帯として師輔の一族と強固に結び付いているのである。ここでは三百日の大護摩などのような荒行を試みる必要はなく、静かに師輔の冥福を一族と共に祈ればよいのであろう。

この年師輔の遺児たちは、長子伊尹が三十七歳、左近衛中将、伊与守、従四位上、ようやく八月に参議の最末席につく。次子兼通は三十六歳、従四位下、中宮権大夫、九月に春宮亮を兼ね昇殿を許される。次代を担う三子兼家は三十二歳、正五位下、兼通より下位であり、まだ少納言という位置である。わずかに、村上天皇の中宮となっている安子が、憲平・守平の両皇子を産んでゆるがない地位を築いているだけである。これよりも、生前師輔の威勢にともすればかすみがちだった兄実頼が皇太子傅（こうたいしふ）、左大臣、正二位であり、また、中宮大夫、権大納言、正三位の師尹、中納言、正三位の師氏など、師輔の弟たち、師輔が見込んだ女婿、中宮大夫、正三位、大納言源高明らが廟堂にあり、師輔の遺児たちの栄進は、かならずしも予測を許さない状況下にあった。しかし、良源にとって師輔の死は、さきにふれた尋禅への遺産分与などを通じて良源の位地がより明確になったことはあっても、危うくするものではなかった。尋禅を手許に置きさえすれば、その師として尋禅に附托された莫大な所領を管理することもできる。官界にある師輔の遺児たちに危機感があるとしても、良源にはないのである。師輔の父忠平が死んだ十一年前の状況と師輔の死んだこの時点とでは全く異なっていたのである。

西塔の修法

師輔が没した翌年、応和元年（九六一）閏三月十七日、延暦寺西塔の大日院で五壇法が修されている。これは同日、洛中の村上天皇の仮皇居、冷泉院の東対（ひがしのたい）で権僧正、東寺の寛空が孔雀経法を修したのに呼応するものである。これより先、天徳四年（九六〇）九月二十三日、夜十時過ぎ、左兵衛陣門から発した火が内裏を全焼した。桓武天皇が建設した王

良源役僧を辞退

城の中心は、百六十七年目についに灰燼に帰し、仮内裏は、はじめは職曹司に、ついで冷泉院に定められた。そして翌天徳五年二月十六日、天徳を改めて応和とした。皇居の炎上と、この年が辛酉の年に当り、いわゆる辛酉革命による兵乱が起ることを恐れたためである。このほか、この前後に日照が続き、疾病が猛威をふるった。神祇官や伊勢・石清水・貴布禰など諸社への奉幣のほか、東大寺以下の七大寺、東寺・西寺・延暦寺や僧綱を動員しての仮皇居での祈禱が盛んに行われた。西塔大日院での五壇法はこうした祈禱の一環で、勅命により蔵人文利が派遣されている(『延喜天暦御記抄』)。五壇法は、五大明王を五壇に祀り、祈禱する密教の修法で、兵乱鎮定・息災・増益のために行われる。中心の不動法は、天台座主であり、僧綱の首席、僧正延昌、降三世法は内供奉十禅師賀静、軍吒利法は同じく尋真、大威徳法に阿闍梨良源、金剛夜叉法に同じく長勇が指命された。ところが、この配役のうち不動法の延昌と、大威徳法の良源が故障を申し立たので、延昌の代りに権律師喜慶、良源の代りに阿闍梨行誉が改めて配された。延昌が五壇法の中心に指命されたのは、延昌が僧綱の首席であり、天台座主の地位から当然のことで、これより以前、勅命による修法をしばしば行なっている。延昌に代った喜慶や、一諸に修法する賀静・尋真も、延昌と同じくこの種の祈禱に起用されている天台の高僧である。

辞退の理由

良源はこうした僧とは少しく事情を異にしている。この種の、勅命による修法の阿闍梨として一壇を掌ることはこれまでになく、この時が初めてと思われる。いわば叡山の高僧として、それまでの藤原師輔という特定の権力者の祈禱師という立場から脱却して、広く一般的な名勢を得る第一歩ともいえよう。こうした絶好の機会を、良源は延昌と共に辞退したのである。良源の辞退の理由は明らかではない。もう一人の辞退僧、延昌は

延昌の辞退

この後、十月二十四日、新造内裏鎮護のための修法に指命され、所労の故再び辞退、喜慶と代っている。延昌はこの時八十二歳、三年後に病没しているので、今回の辞退も病が理由であろう。良源も同じ理由であろうか。ところでこの辞退のほぼ一ヵ月半後、五

師輔の周忌法会

月四日、村上帝皇后安子は、父師輔の周忌法会を横川楞厳院に修している(『扶桑略記』他)。『拾遺伝』によれば、これは楞厳院の東北にかつて師輔の隠棲の住房として準備されていた真言堂で行われたとしている。列席者は伊尹・兼通・兼家・為光・公季の五人、いずれも師輔の息、および兼家の嫡男道隆であり、安子の意志として、毎年一家の長者が

師輔の遠忌法事のため、法華八講ならびに両部曼荼羅供（りょうぶまんだらく）を行うことを命じている。師輔の後援を深く感謝した良源は、師輔の忌日法要は特に重視しており、さらに良源没後の忌日法養にさいして、良源より先に師輔の追善を行うことを遺言しているほどである。大日院の修法は病かなにか突発的事故のためやむなく辞退、師輔の法会はその事故が収まって執行したと考えるのが常識的であろう。しかし、真言堂の完成や追善法会の準備の直前に大日院の修法が当っていることは、全く良源の意識の中で無縁とはいえないであろう。かつて忠平の死にさいして三百日の追善護摩を深山（横川）に籠って行なった良源が、現在は確固たる基盤を獲得したからといって、その位置を与えてくれた大檀越師輔に対して、何の反応も示さない方が不思議である。計画的・打算的とも思われる良源ではあるが、例えば義昭のように一度論義で屈服させた相手であっても、叡山の法会に招くなど、その後長い交友を持つ配慮を示すほどである。横川発展の大恩人の追善を祈って、一年間公式行事を自らの意志で絶ったか、あるいは師輔追善行事の準備で、他の行事どころではなかったか、いずれにしても師輔追善とのかかわりにおいて大日院の法会を辞退したと考えたいのである。少なくとも良源の行動は目先の利を追うのではなく、長期の見通しと判断力に支えられたものなのである。

憲平親王息災の祈願

同年七月一日、東宮護持僧として安子の産んだ皇太子憲平親王の無病息災を祈願している。良源は寛忠と共にこの祈禱の功労として度者一人を得ているが、ふつう東宮の御修法には度者を賜らない定めとなっていたが、この度は例外であった。師輔という後見を失った安子が、いかに皇太子憲平親王の成長に心を砕いているかが窺えよう（『延喜天暦御記抄』）。

高光の出家

さらにこの年の末、十二月五日、横川の定心房に禅師の君、尋禅を尋ねて一人の若い公家が訪れてきた。尋禅の実兄高光（たかみつ）である。時に二十三歳、従五位上、右近衛少将兼備後権介、家に妻と一人の娘を持つ。用件は、公職を投うち、妻子を捨て出家したいという。幼時よりその才能を賞讃された文才豊かな高光は、順調に官界を進んできた。しかし、庇護者師輔の亡きあと、義父に師輔のすぐの弟、温厚で知られる権中納言師氏をもつ高光の位置は、昇進競争においてきわめて厳しい状況下におかれることとなった。さ

師輔没後の状況

きにもふれたが（師輔を中心とする略系図六〇頁参照）師輔の兄でありながら、弟に圧倒され続けてきた左大臣実頼が宿願を果して権勢の座につくか。師氏（もろうじ）の弟には野心満々たる中納

言師尹もいる。師輔のあとを追って右大臣となるのは、時平の子顕忠である。時平は師輔の父忠平の兄にあたる。師輔の遺児たちのなかで一番安定しているのは長子伊尹・次子兼通・三子兼家で、彼等は父を失ったが同母妹の安子が村上帝の寵愛をうけ、皇太子をいれて二人の皇子の母であることによる。こうした同族とは別に、師輔の女婿、醍醐帝皇子、源高明が大納言となっている。かつて師輔が長子伊尹と共にその将来を矚目した源高明は、師輔没後、藤原氏一族にとって最大の政敵となって行く。師尹たちが策謀をめぐらし、高明を失脚させる、いわゆる安和の変が起るのはこれより九年後の安和二年(九六九)のことである。実頼から伊尹に、そして兼通・兼家らへ政権が移行するのは、なおしばらく後のことである。したがって、師輔没後のこの時期は、安子の存在を軸に、同族内ももちろん、上下を問わず思惑が乱れ飛び、複雑な政情を呈したのであろう。この緊張関係に堪えきれず、高光は師輔の敷いてくれた路線を自ら放棄し、出家したいというのである。実兄を突然山に迎えた尋禅はどのような心境であったろうか。

さきにふれたように、尋禅が良源の許で出家修業しているのは、故師輔と良源との約束の上であった。師輔と良源が各々の目的をより確実に満たすための紐帯が尋禅である。

一門から帝系が出生し、一門が絶えることなく繁栄する。そのためのあらゆる加持祈禱が良源に課せられたものであり、これを支える財源は師輔側が供給する。良源のあとは尋禅が受け継ぐ。尋禅は藤原氏の一族とし、また慈覚大師の門徒とし、俗僧両面の期待に応えるべく修行しているのである。当面の問題として、良源・尋禅の師弟は、安子出生の村上帝の二人の皇子の息災を祈る大役がある。しかもようやく横川の名実共に当主となった良源は、この尋禅を抱えて、困難な道ながらなお一段の飛躍を果たそうとする時期にあたっている。尋禅の兄高光の出家は、良源・尋禅の計画路線の中で、足手まといになるばかりで、何の益することもないのである。たんに自らの安心立命のために、或は尋禅と二人して藤原氏の繁栄を祈るという単純な発想で片づく状況ではないのである。ここに高光側近者の手によって書かれたといわれる『多武峯少将物語』という書がある。

良源・尋禅の計画路線

『多武峯少将物語』の叙述

比叡にのぼり給ひて、御弟のおはしける室におはして、とう禅師君を召して「かしら剃れ」とのたまひければ、いとあさましくて、禅師の君「などかくはのたまふ。御心がはりやし給へる」とて、のたまふままに泣き給ふ。「剃れ」とのたまふ。阿闍梨も泣きてうけたまはらざりければ、御もとどりを手づから剃刀（かうぞり）して切り給ひければ、いかがはせむとて、なほ剃り給ひける。禅師の君、泣きまどひ給ひけり。阿闍梨も「いとあさましきわざかな。御はらからの君たちも、おのれをこそ、のたまはめ」と、「御消息をだにもきこえあへずなりぬる」と泣く。禅師の君「かうかうなむ、いとにはかにあさましく」と、京の殿ばらにきこえ給ひければ（以下略）

（玉井幸助博士、昭和三十五年、塙書房）

高光の態度

禅師の君や阿闍梨の止めるのも聞かず、強引に自ら髻を切り離す高光である。阿闍梨を増賀と考えた説（故玉井博士）もあったが、これは増賀の師でもある良源とすべきである（拙稿「多武峯少将物語にみる高光出家の周辺」『言語と文芸』五一五）。

尋禅の言葉

尋禅が兄高光の願いを聞いて発した第一声が「などかくはのたまふ。御心がはりやし給へる」であった。高光が既定の路線を捨てたことへの非難である。

良源の言葉

良源も「いとあさましきわざかな、御はらからの君たちも、おのれをこそ、のたまはめ」といっている。高光の兄弟、伊尹以下の思惑を気にしている様子は明らかで、出家希望者に対する名僧の言葉とは、とても思えないのである。高光の恣ままな出家にたいして、尋禅・良源側の困惑が如実に描写されている。

高光はここで出家するが、高光の居所として横川は居心地のよい筈はない。こうして、横川在住六ヵ月足らず、高光は大和多武峯へ去って行かざるを得ないのである。

伊尹私稲を横川に献ず

応和二年五月四日、師輔の長子参議藤原伊尹は自己の収入、近江・美濃両国の私稲各四千束分を、故師輔建立の楞厳院に献じている。同院の六人の僧侶が法華三昧を日夜修する料として贈ったもので（『門葉記』巻七三）、師輔の長子として、引き続き良源を後援するという意志表示でもあろう。

二　応和の宗論

清涼殿宸筆法華経供養

高光が多武峯に去ってからほぼ一年後、応和三年（九六三）八月二十一日、清涼殿において村上天皇が書写された法華経の供養が催された。法華経八巻に開巻（序論）無量義経と結巻（総論）観普賢経の両巻を加えた十巻を、この日から五日間、朝夕二座、合計十座に分けて、経義を講讃するいわゆる法華十講である。南都北嶺の僧二十人が選抜され、一人が経典の義理を釈し（導師）、もう一人がこれにたいして質疑を行う（問者）形をとる。

配役僧

その配役はつぎの下段の表の通りである。

応和の宗論（『元三大師縁起』，求法寺蔵）

応和の宗論配役表

日	時	釈経名	導師		問者	
21日	発願	無量義経	観理	東大寺三論宗	余慶	天台宗
	夕座	法華経第1巻	玄慶	東大寺華厳宗	能恵	天台宗
22日	朝座	第2巻	安秀	興福寺法相宗	賀秀	天台宗
	夕座	第3巻	法蔵	興福寺法相宗	覚慶	天台宗
23日	朝座	第4巻	良源	天台宗	平州	法相宗
	夕座	第5巻	禅愉	天台宗	千到	興福寺法相宗
24日	朝座	第6巻	智興	天台宗	真喜	興福寺法相宗
	夕座	第7巻	湛照	東大寺法相宗	崇寿	天台宗
25日	朝座	第8巻	寿肇	天台宗	仲算	興福寺法相宗
	夕座	観普賢経	聖救	天台宗	円芸	三論宗
26日	結座		観理	東大寺三論宗		

覚慶対法蔵

講会は初日・二日目の朝と平穏に進んだが、二日目の夕座、興福寺の法蔵が法相宗の従来の主張、「定性二乗不成佛義（ていしょうにじょうふじょうぶつぎ）」を説いたことから、これと立場を異にする天台宗の問者覚慶（かくけい）の論難があり、にわかに活発化する。この論争は、結局法蔵の説に覚慶が論伏された形となった。

良源対法蔵

ところが、翌日の朝座の導師の予定である良源が覚慶に替って問者の役を引き継いで法蔵にあたった。その説くところは「一切衆生皆成佛（いっさいしゅじょうかいじょうぶつ）」論で、法相宗の立場とは正反対、論義は白熱して戌四点（午後八時半）に及んだ。論義が果てないため翌日に持ちこされた。三日目の朝座は導師良源でかわらず、問者は平州であったが、前夜のいきさつから法蔵が替って問者となった。こうして論争は二日間におよんだが、最後に法蔵が良源に対して「子ノ弁ハ富楼那（ふるな）ニ似タリ、我レ豈ニ当ルベケンヤ」といって口を閉じた（『大師伝』）。列席の公卿たちは皆良源の弁説に感動したという（『応和宗論日記』）。

仲算対聖救

波乱のあった論義も収まり、再び平穏な対論が行われたが、第五日目の朝座、導師天台宗の寿肇（じゅちょう）に対して問者となった興福寺の仲算（ちゅうさん）が、先の良源の論説に対して異を唱えた。仲算の反論が優れていたため、夕座も重ねて問者となるよう勅命が下り、予定されていた円芸に替って仲算が再び問者となり、導師天台宗の聖救に対して、さきに唱えた良源の説に一々反論した。この間良源は口を閉じ、目を見開いたまま座を動こうとしなかった。さきに良源の弁説を賞讃した公卿たちは、今度は仲算の弁説に感動した。その夜仲算は村上帝から坏を賜り面目をほどこした（『応和宗論日記』）。これがいわゆる応和の宗論（しゅうろん）といわれる論義である。

応和の宗論

逸　話

この時の論争に関してつぎのような逸話が伝えられている。良源の鋭峰に法相宗側が形勢悪しと判断した列席の公卿藤原文範（ふみのり）は、その夜奈良に直行、藤原氏の氏神春日明神に南都側の危機を救うよう祈願した。明神の霊告を得た文範はこのことを仲算に伝え、仲算は神助によって大活躍をすることとなった（『元亨釈書』）。こうして藤原氏の公卿たちは、自らの氏寺の勝れていることを感じて退出する道すがら、門前に繋がれている良源乗車の牛の奇異に目を止める。牛は舌を垂れ、涎を流していたが、その涎は妙なる薫を発していた。しかもそれは流れて一首の歌となり、「草も木も仏に成ると聞く時はこころある身のたのもしきかな」と読めた。この歌はさきの春日明神の働きに対して、叡山の守護神日吉山王の御歌として後世に伝えられた（『壒嚢鈔』）。

論義の勝負

天台宗側は良源が法蔵を屈服させた事例をあげ、法相宗側は仲算の働きを評価し、互に各々の側の勝を主張している。法相・天台両宗が論義の勝負にこだわった気配を見せるのには理由があった。それはこの法華十講の論義が、成り行きで、偶然に起ったものではないからである。『応和宗論日記』（『応和宗論記並恩覚奏状』所収）という書がある。法相宗側の立場によって書かれたもので、したがって法相宗の勝利で結んでおり、全体としてどこまで正確であるかはわからない。ただ法相宗に対立する良源の活躍が書かれており、良源の行動についてはかなりの程度信じてよいと考える。この書によって応和の宗論開催への経緯を見ることにしよう。

宗論開催の経緯

良源の奏上

応和の宗論が行われた二年前の夏、応和元年四月二十八日、良源は清涼殿に参内した。その折、密かに法相宗が六宗の長者としての位置にあることの不当であることを奏上したところ、村上天皇は特にその意見に反対なさらなかった。そこで、同年五月十五日付で良源は華厳宗玄慶（げんけい）・三論宗壱定（いってい）（壱和か）に消息を送って、法相宗が諸宗の長者となっている現状の不満であることを訴えるよう勧誘した。この結果、華厳宗の奏状は兵部卿章明（しょうめい）親王を通して八月八日に、三論宗の奏状は源雅信（まさざね）によって十月三日に、天台宗の奏状も右近中将源延光（のぶみつ）の手によって十一月六日に、各々朝廷に提出された。三宗の奏状は受理され、応和二年三月、諸宗の深浅を論ずる勘文(かんもん)（意見書）を提出するよう宣旨が下された。しかし、この勘文が提出されないうちに、応和三年六月五日、再び宣旨が下され、来十九日、宸筆の御経供養に際して諸宗の深浅を審議するということであった。日次は七月十三日に変更、これも延引、八月十一日に至り同月二十二日から五日間と決定、さきの宗論となったのである。御経供養の場において諸宗の深浅を決しようというのである。

対論形式

対論者は二十人、南都十人、北嶺十人となった。南都側は、三論宗の観理律師（東大寺）、華厳宗の玄慶権律師（東大寺）および法相宗の安秀已講（興福寺）・法蔵已講（東大寺）・湛照（東大寺）・真喜（興福寺）・仲算（興福寺）・平州・仁賀(にんが)・千理の十人が選ばれたが、仁賀・千理が辞退したため蔵祚（薬師寺）・千到（興福寺）が補われた。南都十人のうち法相宗が八人となっている。これに対して天台宗は、禅愉・良源・知興・寿肇・聖救・余慶（慶祚とも）・能恵・賀秀・千観・増賀の十人で、千観・増賀が辞退したので、崇寿(すうじゅ)・覚慶が替っている。要するに南北各十人といっても、南都の主流法相宗対天台宗ということになる。

選出者僧位の高低

ところで南都側選出僧の地位を見ると、三論宗と華厳宗は律師と権律師、法相宗は已講二人、碩学の聞え高い法蔵が入っているなど、一応当を得たものである。これに対

発起者良源

して天台宗側は最高位と思われる禅愉以下、権律師はもちろん一人の已講もいない。例えば、この年の三月権律師に任ぜられた春暹か、この十月に興福寺維摩会の講師を勤める禅芸らが選ばれてもよさそうである。試みに選抜された十人の天台僧のその後の昇進を見ると、良源が康保二年（九六五）抜擢されて権律師、その翌々年、安和二年（九六九）になって余慶が権律師、このほか康保四年に禅愉が維摩会講師、安和二年に聖救が同じく講師に選ばれたが病のため辞退している。この安和二年の時点で、南都側選抜十人のその後の僧位を見ると、権大僧都観理、権少僧都安秀・法蔵・玄慶（病没）、維摩会の講師に仲算・蔵祚・湛昭となって、僧位から見る両者の差は歴然としている。応和の宗論後安和二年までの六年間、特別に南都側だけが優遇された理由はないから、この僧位の差はそのまま六年前の関係を示していることになる。法論を挑んでいる天台宗が何故こうした劣位の僧たちを選んだのであろうか。それは一にかかって天台宗の発起者が叡山三塔の最末横川（この時期まだ横川は山上で独立した位置ではない）の主、良源であったからである。

良源この時五十二歳、法臈三十六年であった。南都の小乗仏教的性格に対して天台宗の大乗仏教的性格の正統性を主張したのは開祖最澄で、すでに法相宗徳一と激烈な論争を行なっている。それからほぼ一世紀の間、天台宗の高僧で積極的にこの問題に取り組もうとした者はいなかった。天台宗の正統性を強調することはできても、容易に相手が屈服する筈がないことを承知していたからであろうか。良源はこの点に着目した。良源自身この問題で法相宗と対論して勝利を得る自信があった。そしてこの問題では、積極的な賛成を得られないまでも、天台の高僧達からの妨害はない。さらに法相宗が諸宗の上にある形の点から、法相宗以外の諸宗に呼びかけ、その賛成を得る根廻しをしている。

良源のヨミ

こうした見通しと、周到な行動がさきの宗論となるのである。天台宗では当然良源がその責任を負う形で人選が進められることになる。惨敗しても天台宗全体の問題ではない。したがって、良源の動員できる、天台執行部ではない、いわば僧位からいえば低位の僧達が指命され、他宗とはいちじるしくバランスを欠いたものとなった。講経の場において諸宗の深浅を審議するといっても、具体的には良源一派が法相宗に挑戦するということであった。法相宗の碩学、法蔵已講（五十六歳）に論破された良源の弟子覚慶は、のちに第二十三代天台座主、大僧正にまで昇進するが、この時はまだ三十八歳、法蔵の相手ではなかった。しかし良源は、かつて師輔の祈禱師という同一立場をもち、論敵の長短

良源の人選

良源一派対法相宗

を充分に熟知しており、この宗論のいわば主謀者でもあり、熱意の点、準備の点で優位に立ったのであろう。ところで良源はこの宗論で、法相宗を徹底的に論破して宗祖最澄以来の決着をつけようとしたのであろうか。どうもそうではないらしい。それは仲算の反論に対して、一切再論していない態度である。良源の意見はすでに法蔵のさいに述べ尽した。仲算への再論は無用というのであろうか。しかし現実には仲算の論義も列席者の共感をよんでいる事実があるので、これを論伏しなければ、天台宗の絶対的勝利とはならないのである。それを良源はしていないのである。仲算の弁説に恐れをなしたとは思えない。すでに良源は自分の目的を達していたのである。それはこの宗論に活躍することによって王朝公家の信頼を得るということである。師輔亡きあと、安子等への接触を保ちながら、特定の檀越を求めるというより、廟堂政治家達の広汎な支持を得ようとした。法相宗を完膚なきまでに論破することを目的としたものではなく、いわば名を挙げればよいのである。仲算の活躍を容認することにより列席の公卿達に、良源の才能の優越性と深追いしない融通性をも印象付けたとすれば、良源の意図は完全に達せられたことになる。

宗論の成功

批判者たち

千観

増賀

この宗論の成功は、叡山内部での良源の評価を高めるというプラスをもたらした。良源はそのことも計算に入れていたのかもしれない。ただこうした打算的な行動には批判がつきものである。その批判は良源の足許からおこった。天台宗の宗論参加者として予定された十人のうち、千観と増賀が辞退している。千観は摂津箕面（みのお）の観音院に隠棲している天台屈指の学僧で『阿弥陀和讃』の作者として著名であり、『法華三宗相対釈文』という著書もある（梵照の記によれば若き日良源と論義を行なっている）。宗祖最澄以来の決着をつけるというのであれば、箕面と内裏の距離は問題にならないほど近いといえよう。にもかかわらず箕面を出なかった。また、増賀は良源の弟子の中でも論義にすぐれていたらしく、釈迦の十大弟子で論義第一とされる迦旃延（かせんえん）に擬される（『大日本国法華験記』中）ほどである。しかし、天台の二人の学匠は、世間的な出世からは無縁であった。とくに増賀は、名利名聞を徹底して嫌う反骨の僧として数々の奇行説話が知られている。たとえば、冷泉院の護持僧に任ぜられようとしたが、狂気のふりをして逃げ帰った。後宮出家のさいの戒師として招かれたが、後宮女人達の眼前で狂態を演じて人々を驚愕させた。とくに師良源の僧正位就任の慶賀の行列に、異様な風体をして先駆したという行為は、師良

増賀、多武峯に去る

源の出世主義を痛烈に批判したものとうけとれる(『法華験記』『今昔物語集』『続本朝往生伝』など)。これらの一つ一つはかならずしも事実とは思えないが、増賀の基本姿勢がこうした逸話を生んでいったと考える。増賀は宗論の第一次人選に入りながらこれを辞退した。病気ではないらしい。宗論開催より一ヵ月前、増賀は横川を去り、大和の多武峯に移住してしまうのである。増賀に替って指命された覚慶が法蔵と論戦、覚慶よりバトンタッチされた良源が名声を博した弁説をふるったのである。増賀が辞退しなければ宗論の口火は増賀の役となる。増賀はこの宗論の真の目的を、良源から指示されたか、そうでなくとも功利的・打算的良源の目的を察して横川を去っていったのであろう。応和三年七月のことである(『多武峯略記』)。良源自身「外ハ衒名ノ人ニ似」るといっているほどなので、反骨の弟子増賀は師匠の明らさまな行動に堪えられなかったのであろう。ただ、良源はこうした行為も究極的に「弘法ノ思」と表裏一体をなすと考えていたから、こうした批判に一顧もしなかった。良源この時五十二歳、出家してから三十六年目であった。

良源が法蔵を論伏したまさにその日、鳥辺野に近い賀茂河岸で、念仏僧空也が法会を行なっているのはきわめて印象的である。特定の有力檀越にたよらず、一般市民の浄財をひろく募って、十三年間、ようやく完成した写経の供養会であった。天台僧として光勝という名をもつ空也ではあるが、市の聖とあがめられ、口唱念仏の方法によって民間に浄土思想を鼓吹した。その一つの成果である。貴人・高僧を前にした良源の晴姿と、貴賤の賤の方が多そうな一般市民の中での空也のそれはきわめて対照的である。両者の宗教活動における方法論の違いであろう（拙稿「六波羅蜜寺創建考」『日本歴史』一三三）。

中宮安子の死

応和の宗論の翌年、すなわち応和四年四月二十九日、中宮安子が三十八歳の若さで死去した。村上天皇の第七番目の御子、選子内親王を出産した直後のことである。皇太子を入れて三人の親王と四人の内親王を出産、師輔亡きあと、政権の帰趨の一つの焦点となろうとしていた矢先である。師輔の法事や東宮護持僧として何かと接触をもった良源は、再び有力な庇護者を失うこととなった。しかし、師輔と結んだ約束の路線は安子の死によっても微動だにしない。加えて応和の宗論の成功という新しい成果がある。

内供奉十禅師

この年の六月、村上天皇の御息災を祈る七日間の御修法が行われ、その結願の日の十三日に、番僧を率つれ参上した良源が加持を行なっている。この賞として紅袿一領を賜り、師輔の長子右大将藤原師尹から、内供奉十禅師に補する勅命を蒙っている（『延喜天暦御記抄』『大僧正伝』)。内供奉十禅師とは、宮中の内道場に供奉し天皇の護持僧の役割を果す十人の高僧である。発生的には内供奉と十禅師とは別々であったが、天皇を護持するという同一目的のため兼職となった。天皇の側近に侍する役であり、戒律重く、知徳の誉れ高い僧が選ばれる。しかも聖体を護持するという実際的な役割のため、単に年臈が積ったというだけで任命されるという名誉職ではない。東宮護持僧の功績を認められたとしても、師輔・安子亡きあと、良源が抜擢される理由は応和の宗論における活躍以外考えられない。こうしてこの年(応和から改元康保となる)十月、天変防除のため十五口の番僧を率いて参内、仁寿殿に熾盛光法を、おなじく十二月にやはり仁寿殿で尊勝法を修し、内供奉十禅師の役を勤めている。

権律師となる

翌康保二年十二月二十八日僧綱召が行われ、いわば僧侶の公卿職ともいうべき、最高の栄誉職に三人の新しい僧が定められた。一人は天台僧賀静、年七十九歳、法性寺座主で久しく内供を勤めた功労による僧綱入りである。二人目は三論宗、薬師寺の安鏡で、已講、すなわち興福寺維摩会以下三つの勅会の講師を歴任、規定によって権律師となった。年六十九歳。三人目は、天台、横川の僧良源である。内供は前年六月に拝命したばかり、かつて維摩会の私的な論義に参加したことはあるが、三大勅会の講師は勤めていない。しかも年五十四歳。年齢からいっても五十代での僧綱入りは前例を見ない。功労・年臈、一緒に権律師となった他の二人に較べても、良源は大抜擢ということは明らかである。廟堂に強力な後援を持たないこの時期で、良源が注目されたとすれば、さきの応和の宗論以外にないのである。まさに良源が企画した応和の宗論の成果は、絶大な効果を発揮したのである。

これより先、この年良源が母の八十の賀を行なっていることを梵照が記している。七十の賀に引き続いて母の居所苗鹿山窓で行なったものか、数宇の雑舎を建て増している。仏経を図写して講経供養を催し、八十口の僧侶を動員、三日間にわたって音楽を奏し、琵琶湖上に龍頭鷁首(りゅうとうげきしゅ)の船を浮べた(『拾遺伝』)。老母はわが子の立身に死後の安穏を思ったことであろう。

三　天台座主就任

いわば僧侶の上流階級ともいうべき僧綱入りをした良源は、康保三年(九六六)二月と八

第十八代天台座主となる

月に天変の消除のために仁寿殿に不動法を修している（『日本紀略』）。したがえる番僧は二十口となった。宗内よりも、朝廷での人気が先行した形となったが、良源の活躍は宗内でも無視できず、推されて天台座主となった。第十七代の座主喜慶が七月十七日に他界し、その後を継いで八月二十七日勅命が下された（『日本紀略』他）。時に良源五十五歳、法臈三十九年である。ここで良源以前の天台座主就任時の年齢と臈次を見てみよう。

良源以前の天台座主

臈次からいえば、座主の制が制度的に確立していなかった二代までが若く、良源の臈に匹敵するのは第三〜五、九・十三代であり、これに年齢を加えて考えると、初代は別として、第五代の円珍だけがほぼ合致するだけである。いわば抜群に若々しい天台座主の出現ということになる。これより先、第十五代延昌の没時と、つぎの第十六代鎮朝の没時と、各々二

天台座主就任時の年齢と法臈表

代数	人名	年齢	臈
1	義真	46	21
2	円澄	64	32
3	円仁	61	39
4	安恵	60	37
5	円珍	55	37
6	惟首	68	49
7	猷憲	67	47
8	康済	67	48
9	長意	64	38
10	増命	64	45
11	良勇	68	50
12	玄鑑	63	44
13	尊意	61	40
14	義海	70	43
15	延昌	67	46
16	鎮朝	79	59
17	喜慶	77	63
18	良源	55	39

座主辞退

度にわたって座主位に推挙されたが、固辞して受けず、三度目の推挙であった。辞退する良源に山上の長老は「時ハ留ルベカラズ。衆逆ラフベカラズ。和尚タトヒ謙退(へりくだる)ヲトルトモ、本山ノ職務ヲイカヾスル」(『大僧正伝』)といわれ、やむなくしたがったという。また極楽往生のために千日の阿弥陀護摩を修し、その満修の日に座主の勅命が下った。千日間ひたすら西方往生を願い続け、世間的な成就は少しも願わなかった。何故座主を拝命したか、全く不本意であるといったという(『真言三部経伝授抄』)。

座主の資格

再三の辞退が本当であるかどうかは『大僧正伝』の記述なので明らかではない。しかし、良源の出世が余りにも急なため、天台座主としての条件が具備していない点もあった。天台座主はいわば日本天台宗の総師である。宗内諸僧の頭領であり、指導者である。その最低条件は阿闍梨であり、良源はすでに天暦五年(九五一)に師覚慶の譲を受けてその資格を取得している。ただこの阿闍梨は元慶寺のもので、山上延暦寺の阿闍梨より一段低いものであった。その資格で天台宗の総師になることは不都合のため、天台座主となるにあたって山阿闍梨(やまの)に改補されているようである。これは第二十六代座主院源がおなじように山阿闍梨でなかったため、藤原道長が先例を調べることを命じ、「御記」の記

房算と賀静の不満

載によって、良源の例が明らかになったものである（『小右記』寛仁四年七月三十日条）。こうした、天台座主としての基本条件を具備していなかった良源を満山一致して推挙したかというと、そうではなかった。第十七代座主の後を継ぐべく、心の用意をした僧侶が少なくとも二人はいたのである。一人は律師房算（ぼうさん）、六十八歳、喜慶の死没のあと権少僧都となっている。もう一人は権律師賀静、八十歳、良源と共に僧綱入したが、久しく内供奉を勤めた功労によるもので、良源のように抜擢ではない。しかもこの時法性寺（ほっしょうじ）の座主である。法性寺は賀茂川の東岸、のちに創建される東福寺の門前辺りに位置する。良源の

房算・賀静・良源関係略図

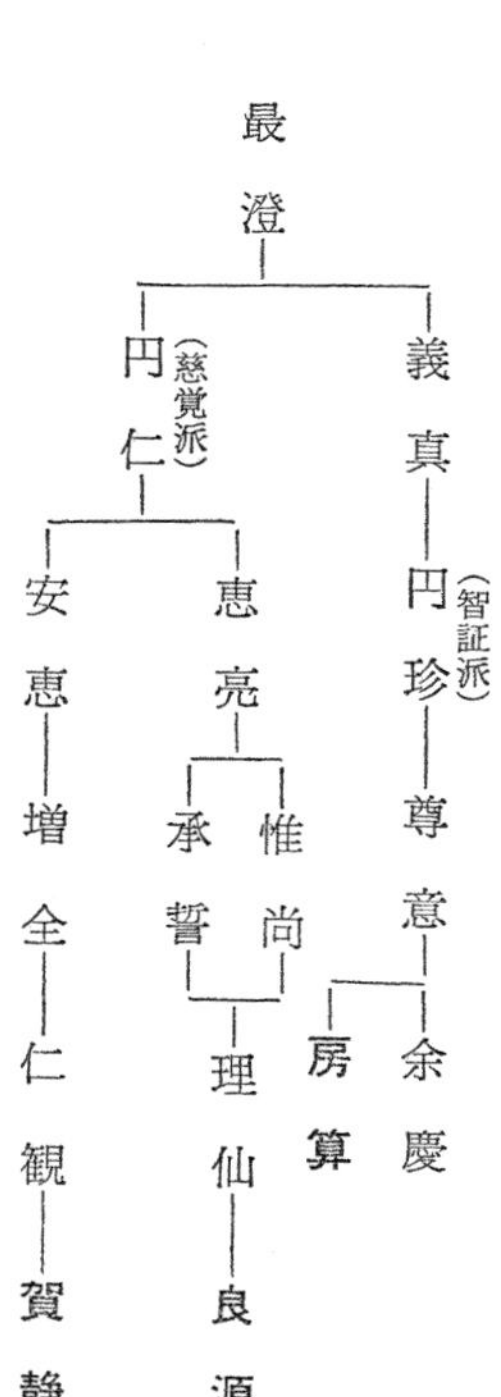

房算・賀静の死

最初の後援者藤原忠平の建立で、開山は第十三代天台座主尊意である。藤原氏の崇信を集めて大いに栄えた天台宗の名跡寺院である。ちなみに尊意以後第十七代までの天台座主はこの寺の座主となってから就任している。見方によれば法性寺座主が天台座主となる出世コースでもあったことになる。この位置にある賀静が、上席者房算の天台座主就任ならば不満ながらも納得したかもしれない。しかし、後輩僧良源が自分を越えて就任したことについては堪えられないところであった。果せるかな心労がつのり、翌年康保四年正月二十九日悶死する。その怒りは霊界にあっても解けず、しばしば祟りをなしたようで、長和四年（一〇一五）六月、その怒気を鎮めるため一時は天台座主位を贈位する案が検討されたほどで、結局法印位が贈られている（『御堂関白記』『百錬抄』）。一方の房算の不満も強く、良源座主就任の年、権少僧都の職を返上、延暦寺の南山に隠居し、やがてこれまた死去する。

　このような長老たちを追い抜いて天台座主となった良源の宗内における実績はそう目ざましいものではなく、むしろ宗外での活躍が反映したと考えざるを得ない。その活躍とは師輔亡きあと、はかばかしい後見者をもたない状況下で行なった応和の宗論であった。良源の意図した朝廷工作の成功であろう。康保三年八月二十九日、村上天皇の意志を伝える天台座主宣命使(せんみょうし)藤原懐忠が登山した。懐忠は生来足弱で、叡山頂上近くにある延暦寺まで歩行が叶わないことを理由に、騎馬で登山している(『西宮記』臨時一、裏書)。叡山は騎馬での登山を拒否しており、この後、当時の権力者藤原道長が息顕信(あきのぶ)の受戒式に参列するのに騎馬で登山したところ、山の法師たちに投石されている(『小右記』寛弘九年五月二十四日条)ほどである。座主宣命使は特別に許されたのであろうか。いささか御都合主義的である。座主を拝命する良源の計らいであろう。良源に下された宣命は、とくに変ったものではないが、つぎのようなものである。

座主宣命使騎馬登山

宣命の文

天皇(すめらみこと)ガ詔(おほみことらま)旨ト、山中ノ法師等ニ白(もう)サヘヨト宣勅命(みことのりヲのり)(ヲ)白(もうす)、権律師法橋上人位良(源)ハ年臈漸高之上ニ、慈覚大師ノ門徒ニシテ、真言止観ノ業ヲ兼習リ、故是以座主ニ治賜フ事ヲ白サヘヨト宣勅命ヲ白

康保三年八月二十七日

(『座主宣命』)

文中真言・止観の業を兼習とあるがこれは特に良源を指したものではなく通例の文言であり、年・臈ようやく高いといっているが、すでにふれたように年五十五、臈三十九、

「年臈浅ケレトモ、台学已ニ明ニ云々」とあるべきであろう。こうして良源は自らの道を切り開いて、ついに天台宗最高の位置についたのである。五十五歳という破格の若さで座主となった良源は、その若さをフルに活用、十九年の長きにわたってその職にあり、いわゆる叡山中興の祖と後世仰がれる事業をなしとげて行くのである。

中興の祖としての事業

改革案十ヵ条

座主に就任して良源は直ちに行動を開始した。九月十日、十ヵ条におよぶ改革案を奏上している。この十ヵ条の全貌は明らかではないが、叡山全体の役僧等の定員増であったらしい。たとえば、叡山で毎年六月に行われる法華会に広学竪義（こうがくりゅうぎ）を加えその遂業者（ついぎょうしゃ）を竪者（りっしゃ）と呼ぶ資格を与えること、総持院の阿闍梨の定員を三口増やして計十六口とすることなどがわずかに知られる（『天台座主記』）。同十三日天変により良源は仁寿殿に二十口の伴僧を引き連れて参上、七ヵ日間にわたって熾盛光法（しじょうこうほう）を修している。記録に現われる限り、良源が天台座主として初めての勤行（ごんぎょう）である。この修法の結願の日、村上天皇は親しく良源に先の十ヵ条の奏上について諮問されている（『延喜天暦御記抄』）。この時、良源の功を賞して褂が与えられ、伴僧らも各々度者一人を給されている。褂は例の笛の名手源博雅（ひろまさ）から手交された。良源は面目を施し、自らの奏上が叶えられる手応を感じたことであろう。

初めての宮中勤行

順風を得て快調なスタートと思われた良源の周囲に、意外や大きな難局が待ちかまえていたのであった。

母の死

仁寿殿の修法のわずか七日後、九月二十六日去年八十の賀を祝ったばかりの母の死である(『拾遺伝』)。母をこよなく慈しんだこの高僧の嘆きは、死別が人世の鉄則としてもなお深いものがあったろう。

叡山大火

この悲しみが癒えないうちに、十月二十八日さらに良源に打撃を与える災難がおそった。叡山東塔にある先代座主喜慶の房あたり(『拾遺伝』は増快房とする)から出火、火は大きく燃えひろがり、講堂・常行堂・法華堂・鐘楼・文殊楼・四王院・延命院・喜慶等僧房七ほか、合計三十一宇が焼失するという大火となった。このうち講堂は天台一宗の講論を行う道場で、東塔のはとくに大講堂と呼ばれる叡山の主要堂舎で、創建以来百八十二年、ついに灰燼に帰した。四王院の四天王像はかろうじて運び出したが、北方像は腰が焼けただれ、頭と足がばらばらになるという惨状であった。座主就任が八月二十七日であるから、閏八月・九月・十月とこの間わずかに三ヵ月しか経過していない時期であった。

第四　天台座主良源

一　叡山再建

天台座主として、叡山を統率して行く上での障害はある程度予想したとしても、この大火災はまったく予想外の事態であった。しかしこの難局を見事に打開する強靭な手腕を発揮した。大火の余燼収まらない当日、ただちに復興計画を立て始めた（『天台座主記』）。

復興計画

この復興計画の根底に、さきに師輔が尋禅に遺した山城猪隈庄以下の荘園による潤沢な資力が強力な支えになったことは疑いない。良源修行中の承平五年（九三五）三月、叡山中堂・唐院等が焼失した火災があったが、その時には見舞の使を送らなかった朝廷も、此度の火災には延喜十七年（九一七）十二月の東大寺講堂火災の例に准じて翌二十九日に弁官を派遣（『扶桑略記』）、三十日には罹災の僧を調べて綿千屯を頒っている（『僧綱補任』）。

朝廷の見舞

叡山再建に奔走する良源に一つの朗報が舞い込んだ。この年の末、十二月二十六日さきに良源が座主就任早々に奏上した十ヵ条のうち二条が裁可となったことである。一条は叡山で毎年六月四日、宗祖最澄の忌日を中心に行われる法華会に広学竪義一名を認めるということである。六月法華会、略して六月会という。この会は天台宗の開祖最澄が延暦二十年（八〇一）十一月、南都より十人の高僧を招き、法華十講を催したことに始まり（これを霜月会という）、のちに弘仁十三年（八二二）最澄没して一回忌の日から六月にも行われるようになった。この由緒ある講会を単なる法華経の奥義を開陳喧伝するだけに終らせることなく、論義の優劣を判定して習学僧の顕彰の場としようというのが、広学竪義者一名の設置であった。天台教理の奥義を究めるため、広く内外の典籍にわたって勉学することが広学であり、その蘊蓄を傾けて設問に対して義を立てる役が竪義である。いわば広学竪義者は、天台習学者にとって栄誉ある称であり、地位である。こうした名誉職を設置したことのねらいは、叡山全体の習学意欲の向上を計ったもので、良源自身翌年から横川の自房定心房において春夏二季に広学竪義の練習を行うことを定め、弟子僧の向学心をそそっている（『山門記』）。しかもこの横川における二季の竪義出場者は各季二名、これに出場できる条件は、定心房で行われる四季の講会、春の花厳経、夏の涅槃経、

改革案二条裁可

法華会広学竪義者

広学竪義の練習

秋の法華経、冬の大集経（大品経と隔年）を勤仕して六－七年を経過した者という厳しいものであった。そしてこれに要する費用は木岡畠等二十余町を充てており、この講田を荒し違乱を働く者があれば、わが死骸を掘りおこし、その者の家の門に抛れといったという。木岡畠等の田は師輔から尋禅に贈られ良源が管理しているものである。四季の講が横川の発展と共に盛大に行われ、数多くの学匠が輩出する要因を作った。やがて定心房も四季講堂と呼ばれ、横川の主要堂舎となって行く。広学竪義一名設置の背後に、横川はこれだけの用意をするわけで、東塔・西塔には必ずしもこのような用意をした気配がないから、やがて横川の僧侶たちが進出することとなる。広学竪義設置の効果は計りしれないものがあった訳である。

総持院阿闍梨の増加

もう一条は総持院の阿闍梨職の三名増員である。この裁可によって総持院は十六名の阿闍梨を持つことになる。この増員申請は、総持院に現実にこの職に充てるべき資格の僧が多くいると見て差し支えあるまい。そうした身分的不遇にある僧たちが、さらにその本院を全焼するという逆境に陥ったわけである。こうしたことへの同情が、この申請を受理した一つの理由ではあるまいか。現代的な感覚からいえば、主要堂舎焼失に関する最高責任者は、新任早々とはいえ良源であり、その責任を問われる立場にある筈である。しかし、当時としては火災の類焼はいわば不可抗力であり、朝廷自身、さきに内裏を焼失し、応和から康保に改元している有様である。被災者にはいささか同情的であったのであろう。こうして天台座主から申請されていた事項のうち二件が受理され、良源にも権律師から正官への昇進が取り行われたのである（『僧綱補任』）。

律師となる

翌康保四年正月二十九日、西塔出身で良源の先輩僧、法性寺座主律師賀静が八十一歳で没した。良源に天台座主を奪われた無念の心労がつのっての死であったという（『師資相承』）。良源への批判者が一人消えたことになる。そして三月、延暦寺諸堂復旧の援助として、諸国通三宝布施、知識物用の封戸五百烟が朝廷より延暦寺に下され、復興事業は順調に進んでいった（『天台座主記』）。こうして四月にまず法華堂が再建、難を免がれていた普賢菩薩が奉安され、早速法華三昧の行法が修され、続いて数ヵ月後常行堂も完成、かつて恒例の行事としていた不断念仏が再開された（『天台座主記』）。安和元年（九六八）講堂再建の用材調達の職が諸国に置かれ、焼失箇所の中心部の復旧にも着手した。ところで朝廷より下された封戸五百烟のうち三百烟を講堂・法華堂・常行堂分とし、百烟を楞厳

法華堂・常行堂再建

院仏供料にあて、残りの百畑を朝廷に返上したという(『拾遺伝』)。いくらあっても充分とはいえない復旧費であり、寄せられた費用の一部を返上している点はいささか作意的であるが、返される方は好感を持つこととなろう。しかし一部を直接復旧とは無関係な横川の諸仏供養料としている点は抜目ないことである。

封戸の一部を返上

文殊楼の再建

安和二年講堂の敷地にあって焼けた文殊楼を再建したが、その場所は講堂の傍らではなく、中堂の西の峯、虚空蔵峯(こくうぞうほう)であった。文殊楼は、もともと虚空蔵峯に円仁が中国五台山から将来した霊土を置いて例の獅子の上に騎乗する文殊像を奉安したものであった。由緒ある霊土は火災のため紛失してしまった。それが今度の再建にさいして発見され、再び文殊像の足下に置かれることとなった(『大僧正伝』)。梵照は文殊楼の移建について、従来の講堂場内の地に再建した場合、堂舎が近接しすぎて、再び火災発生のさいの類焼などを恐れたとしている。そして三昧座主和尚(さんまいざすおしょう)の談としてこの峯にまつわる因縁話を記している。昔一大菩薩があり、叡山に一つの堂を建立するよう示現した。山僧は虚空蔵峯に一堂を建立したが、菩薩はこの勝地は我分(わがぶん)ではない。きっと将来他のために壊されることになるといったので、ついに完成供養は行われなかった。このことを知らず数代

虚空蔵峯奇談

総持院再建

が経ち、何の理由もなしにその堂は傍に移された。そしてその旧跡こそいま文殊楼が良源によって移建された場所であった（『拾遺伝』）。さらにこの前後に総持院も再建した。そして天禄元年（九七〇）いよいよ講堂の再建にとりかかり、檜皮の屋根を葺く段階となった。

総持院再度焼失

ところがこの年の四月二十日、再建したばかりの総持院が再び焼失するという二重の災厄が起った。そこで良源は講堂の作事（さくじ）を中断、総持院の再再建に全力を挙げて取り組んだ。そして宝塔および仮の門楼を完成、翌天禄二年四月、恒例の舎利会の日に塔供養を行うという手際のよさに万人感嘆したという（『拾遺伝』）。

灌頂堂・真言堂

その後、灌頂堂を造り、真言堂・四面の廻廊・舞台・橋などを造り終えた。なかでも真言堂は旧地よりも東の大道に寄せて復旧し時の人を不思議がらせたが、これは宗祖最澄の本懐に添ったものだったという（『拾遺伝』）。

妙業房

翌二年覚恵律師の房である山科花山の中院妙業房を復旧し、

講堂

さらに中断していた講堂の再建をはじめ、屋根の檜皮葺を完了、新造の金色丈六の大日如来ならびに観音・弥勒の二像、彩色文殊像などを安置した（『拾遺伝』）。講堂はもと五間四面の規模であったが新装講堂は七間四面と拡大された（『天台座主記』）。

延命院・四王院

そして同三年二月五日、延命院と四王院の作事を始め、三月下旬に完成、これによって焼失堂舎の復興が完了した。こ

講堂以下落慶供養

うして四月三日講堂以下主要堂舎五堂の落慶供養を、勅使蔵人頭源惟正をはじめ公卿・殿上人・僧綱らを山上に招き、盛大に執行している。一日に習礼（予行演習）を行い万全を期し、当日は二百余人の僧を招請し、伶人（楽人）百五十余人が参加、法事のあと終日舞楽が奉納された。勅使蔵人頭源惟正以下、公卿・殿上人らが多く参会した（『天台座主記』）。『叡岳要記』には藤原道長や在国らの名が見えるが官位等が合致せず誤りと思われる。

役僧

引頭（法会のさい衆僧の先頭に立つ役）に尋禅・静救、梵音（讃仏の偈頌を曲調を付して詠ずる役、この場合責任者）に明豪・源信・安真・静安、おなじく讃に暹賀など良源の弟子たちが主だった役僧となっている。例の『大僧正拾遺伝』を書いた梵照も堂達として加わっている（大講堂、

梵照の年齢

右方）が、これは『楞厳院過去帳』に長元五年（一〇三二）に七十とあるので逆算するとこの時十歳、過去帳の年齢に誤記がなければ、役僧を勤める年齢ではない。ただこの梵照が、非常な熱意を籠めてこの盛事を叙述しているのはどう解すべきであろう。

法会舞楽

梵照の記述によると、とくに舞楽に意をそそいだようである。唄い手を奈良にまで求め、舞童に良家の子弟を選ぶことはもちろん、この日のために天人階仙楽（唐舞）・仙童供花楽（高麗舞）などを秦良助、師多好成、源博雅らに作らせ、朗詠も菅原文時に依頼し

ている。歌舞にあわせて参会の公卿や僧綱は片袖ぬぎとなるなど視覚的効果も演出して、華麗なさまは言語に絶するものであった。習礼を仏性院(ぶっしょういん)・比叡辻で行い、楽器や舞装束も新調した(『拾遺伝』)。山上の賑わいに心ある僧は良源の真意を計りかね、苦々しい思いをしたことであろう。山上主要部を焼いた大火のあと六年目のこの復旧は、従前の堂舎を凌いだ規模となっただけに良源の喜びは大きかったであろう。その原動力が、師輔の遺領など公家の経済力に負うところであることを知悉する良源は、復旧の大法会を公家好みの華麗なものに仕上げたものと思われる。良源六十一歳、出家して四十五年目のことである。

二　綱紀の粛正

天台座主に就任して以来の六年間、良源は堂舎の復旧のみで明け暮れたわけではなかった。大火のあった翌年の八月、すなわち座主就任からほぼ一年後、叡山の綱紀粛正を求めた布告をだしている。その全貌は明らかではないが、主要堂舎の前に制札をかかげてその主旨の徹底をはかっている。常行堂前の制札は、僧侶の衣服が華美に過ぎること、および刀仗を帯しての覆面横行を禁止することの二点、また俗界との境である東西の坂本には、檀越から送られてくる華美な破子（弁当）を禁ずる制札であった（『慈恵大師二十六カ条制式』一四・一六・一八条）。華美な服装を着用し、葷腥（ねぎ、にらやなまぐさもの）を盛った美味な破子を食する僧侶は、始祖伝教大師の遺誡を引くまでもなく粗衣粗食を旨とする仏家の本義を忘れたものであり、覆面横行の僧侶に至っては言語道断の所業である。これらの禁制は、将来起るであろう危機への予防というものではなく、叡山山上での現実的な風潮だったのである。

御願寺の盛行

最澄の死後、空海の提唱した真言密教に圧倒された天台宗が、第三代座主円仁・第五代座主円珍によって、自宗の密教化、いわゆる台密を完成し、真言宗と併列することとなった。密教特有の加持祈禱の修法は寺院と貴族との接触を強いものにしていった。円仁・円珍が文徳・清和両天皇をはじめ藤原良房・基経らの信仰をうけ、叡山は御願寺等が続々と建立され、貴族化の傾向をたどっていった。政敵の追落し、これの防禦、世情の不安、死への恐怖など、験力すぐれた祈禱僧を専属の祈禱師とすることが貴族の関心を惹き、一方僧侶の側も有力檀越の獲得に狂奔したのであった。良源自身、横川を発展させたのは藤原氏との提携であり、このことはすでに前章でふれた。こうして同一宗派・同一山内でありながら、僧房を経営する房主が、個々に特定の後援者と結んで各個独立的傾向を強めていった。師主を中心に師檀関係による閉鎖的な、派閥的な集団が、山内各所に出現した。はなはだしい場合、たとえば良源自身が受戒時につぶさに辛酸を舐めたように、師主の突然の死が、残された門徒たちを路頭に迷わせることにもなりかねないのである。したがって、また一致して叡山再建を計るという気運にも欠けることになる。叡山復旧にあたって、華美の風を改め、綱紀を正し、一致して焼失堂舎の再建事業を完遂する布石、それが各所に示された制札であった。

閉鎖的・派閥的集団

ところで覆面者の山上横行はどうした現象だったのだろう。良源の指摘によれば、念仏の堂である常行堂や講法の場所に、夕暮または闇黒時に裹頭(かとう)(面を布で包む)の僧が満ちあふれ、はては土足で堂内に上りこみ、制止する者があれば、暴言を吐き、刀杖を振って追い散らし、行道(ぎょうどう)の人々や聴衆もたまりかねて退去するという有様であった(同前、一八条)。

覆面者の横行

主題から少しそれるが、康保五年(九六八)七月十五日、叡山ではないがつぎのような争いが起っている。南都の二つの名刹、東大寺と興福寺が大和国山辺(やまのべ)郡田村庄の所属をめ

東大寺と興福寺の合戦

寺院の武装

国家管理仏教

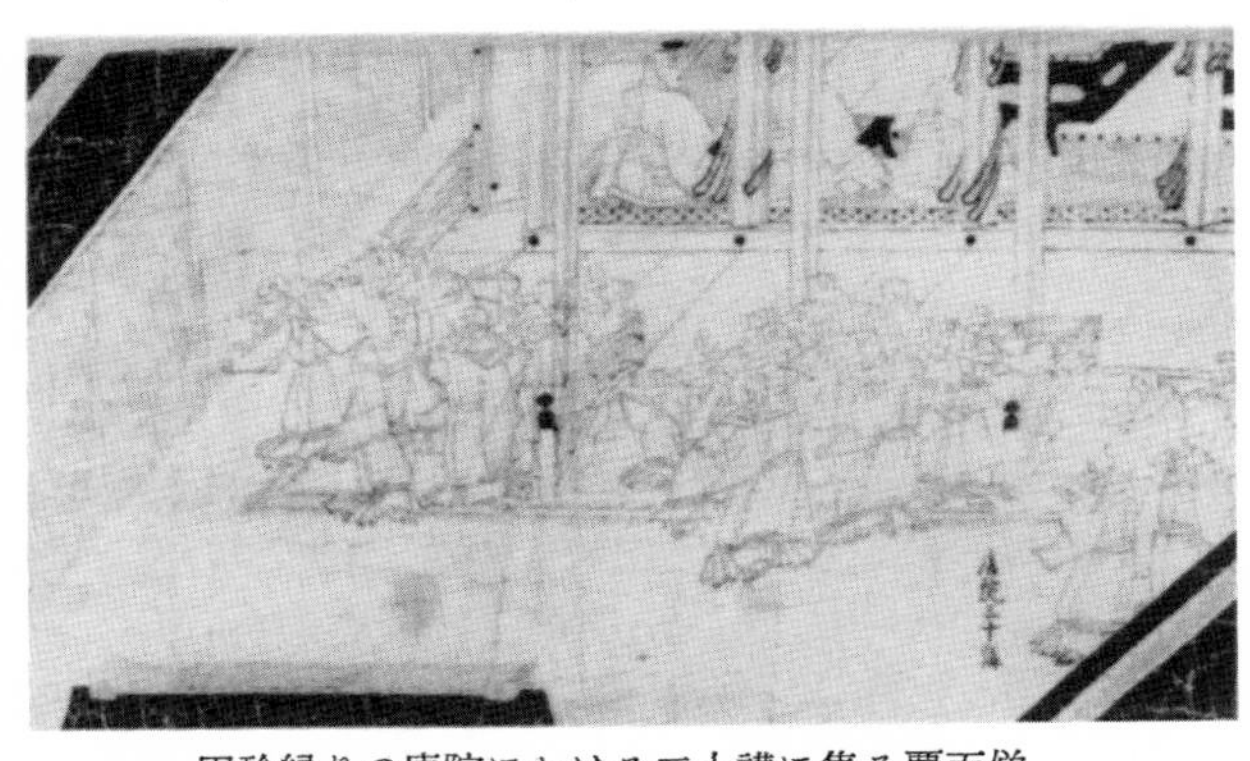

円珍縁りの唐院における三十講に集る覆面僧
（『天狗草紙』園城寺巻、尊経閣叢刊より複製）

ぐって数ヵ月争を続けていたが、この日遂に合戦に及び、興福寺側が矢に当って死傷者を出すという事件に発展した。この事件の処置について朝廷は関係者の召喚を行なったが、興福寺側は神木を奉じて入洛、内裏八省院に集結した（『日本紀略』『一代要記』『大宮文書』）。この事件は一、寺院の所領争い、一、僧侶の武力闘争、の二要素を把握することができる。いいかえれば寺院は武装した僧侶をもち、それによって所領の紛争に関与したということになる。寺院は自らの所領を自らの手で守り、または攻撃するために武装していたのである。

だいたい仏教は国家管理であったため、寺院運営の経費は国から支給されていた。叡山でいえば、近江・美濃両国の正税米（しょうぜいまい）および出挙稲（すいことう）の利息が主たる財源であった。それは叡山全体に一括して与えられるものではなく、定心院料三万束、西塔院料一万五千束、総持院料四万束、四王堂料四万束などのわりふりで、ほかに燈油料・修理料・僧供料などの用途別でも給付される（『延喜式』主税上）。この定額の支給とは別に、有力個人が特定の院主と結び付き私的援助を行なった結果、新しい財源の供給がなされだした。

有力後援者の寄進

有力後援者による田畠の寄進である。たとえば無動寺領の備前国塩庄は藤原良相から、文殊楼領の近江国浅井郡大浦庄は清和天皇から、東塔常行堂領の近江国滋賀郡倭庄は藤原多美子から、西塔院領の近江国蒲生郡津田庄は貞頼親王から、また伝法料領として近江国愛智郡の田九十四町は人康親王から、救急料領として同国高島郡の田四百三十町は常康親王から、各々施入していることが知られる（『叡岳要記』『天台霞標』『三代実録』）。このように国税以外の財源が叡山山内個々の寺院を潤すこととなったわけであるが、寺院がこうした寄進田を管理することによって種々の問題が新しく持ち込まれることとなった。そうした中で一番複雑なのが所領の境界や所属問題であろう。

所領の境界所属・争い

それら紛争の最悪事態は武力解決で、寺院も好むと好まざるとにかかわらず、この渦に巻き込まれたわけである。さきにあげた田村庄の所属をめぐって東大寺と興福寺との合戦が端的にそのことを物語っている。そのさい動員できる兵力とは、寺院でいえば高僧・名僧である筈はなく、堂衆など下位の僧や修行途中の沙弥たちであろう。そして、これらよりも在地における浮囚（ふしゅう）・浪人（ろうにん）とよばれる無頼の徒が主力となったのである。

僧侶側の堕落と俗人の流入

僧侶が定められた枠内にあり、俗人もその埒を越えなければ、こうした社会情勢は現われなかった筈である。しかし現実には特権階級である僧侶側の堕落と、俗人の流入が大きな社会問題化していたのである。

三善清行の「意見十二箇条」

例えば、延喜十四年（九一四）、醍醐天皇の諮問に応じて提出した三善清行（みよしきよゆき）の「意見十二箇条」の第十一条は、諸国僧徒の濫悪と宿衛舎人（しゅくえいのとねり）の凶暴を禁ずることを求めたもので、この前半部を少し詳しく見てみよう。

すなわち「諸寺の年分および臨時の得度者は、一年のうち二－三百人におよび、なかんずくその半分以上が邪濫の輩」とあって、新僧侶たちの粗成濫造を指摘する。一方「諸国の百姓で課役や納税をまぬがれるため、非公認で自ら頭髪を剃り、勝手に法服を着する者が年々増加し、天下の人民の三分の二がこうした私度僧」となったという。したがって妻子を蓄え、禁断の腥膻（せいせん）（なまぐさ）を口にする。外形は僧侶であるが、実質は屠児（えとり）のようである。しかも、そのうちの甚しい者は集って群盗となり、ひそかに貨幣を偽造する者すらあった。もし国司がこれを取締ろうとすれば、群集して反抗、現実に安芸や紀伊の国守が襲われている有様である。しかもこうした暴徒の主魁は濫悪の僧であった（『本朝文粋』二）。

私度僧の横行

　毎年認可される得度僧の半数が邪濫の輩であり、天下の人民の三分の二が無認可の僧であるとするこの数に誇張があることは確かとしても、正規僧の一部の質的低下と、私度僧の横行が社会問題化し、その改善が望まれる事態となっていたのが、清行の指摘に現われている。浮浪人が容易に僧侶の形をとり、本職の僧侶たちと連絡をとり、在地の様々なトラブルを処理することになれば、自然本山との往来が頻繁となる。僧籍を持たない彼らは顔を隠して人相の弁別を避け、これに悪僧も加わることとなり、山内でも意に添わなければ乱暴狼籍を働いた。良源が座主となる前後に、裹頭妨法の者たちが、夕闇にまぎれて出没したのはこうした状況であり、その取締りに腐心したのである。しかしその実はなかなかあがらなかった。

三　山上の整備

冷泉帝の病気平癒祈禱

焼失諸堂の復旧と綱紀の粛正の激務の中で宮中の奉仕も怠っていない。常行堂等に制札を下したおなじ月、康保四年（九六七）八月の十一日、新帝冷泉天皇の御病気平癒を祈って内裏で五壇法が行われ、良源は長勇以下叡山の阿闍梨四人を率い、自ら中壇を勤めている（『阿娑縛抄』六三―二）。冷泉帝は、師輔の娘安子が出産した村上帝の第二皇子憲平親王である。良源が祈禱し、効験あっての御出生で、師輔の良源後援が決定的となった。第一皇子広平親王を擁する元方・祐姫父娘との政争は、広平親王方の敗北、一族の死亡という悲劇的結末に終ったのであった。しかし、東宮憲平親王に元方・祐姫の怨みがたたり、そのもののけのために親王は物狂いの状態になられることがしばしばであった（『栄華物語』月の宴など）。この年五月二十五日村上帝の崩御により践祚されたが、病状は収まったわけではなかった。誕生から東宮時代に引き続いて天皇となられたいまも、良源は懸命に治癒の祈禱を行なっているのである。師輔も霊界にあってこの帝を守護したとする逸話もある（『大鏡』師輔）。この後、冷泉帝は在位二年、病は治癒することなく、藤原氏の政策もあって、位を御弟守平親王（円融帝）に譲られることになる。

房算の死

九月二十六日園城寺長吏房算が、権少僧都の官を返上、隠棲先の比叡山極楽寺に没した。良源の座主就任に不満を持つ最大の長老の死である。良源は房算を天台宗初の探題職につけ、ふつうであればこの年の六月、はじめての広学竪義が行われる筈であったが、房算はこれを受けず、良源の工作も甲斐なく、その怒りは解けなかった。

禅愉、維摩会講師

この年の興福寺維摩会の講師は延暦寺の禅愉であった。信濃国出身のこの僧は修行に見切りをつけて一旦帰国していたが、良源のたっての招請で再び修学、例の応和の宗論にも良源陣営として参加、ついにこの日の栄に浴した。恐らく陰に良源の後援があったのであろう（『維摩講師研学竪義次第』）。典侍藤原灌子（かんし）が復旧途上の東塔に五智院を建立しているのもこの年であった（『山門堂舎記』）。

横川整備進む

東塔の復旧整備のかたわら良源の本拠地横川の整備も着々と進んでいる。康保五年正月二十八日冷泉帝は先帝村上天皇の御意志として楞厳三昧院に十禅師の設置と、毎年三人の得度僧を認めている。そして法華・常行両三昧を修行することを義務付けている。法華三昧はこれより十四年前、藤原師輔によって建立、堂僧六人が配され、さらに岡屋庄百六十余町が贈られたあの法華三昧堂で行われる。冷泉帝の御願により常行三昧を行う常行三昧堂も完成間近で、二月二十九日にこれを修するよう指示されている。常行堂には十四人の僧が、従来の法華堂には六人増して計十二人、両堂併立して楞厳三昧院と称されることとなる。経済基礎として僧供料や燈分油の費目で近江の正税や、美濃勅旨田地子（じし）などが供給されて確立している（『門葉記』寺院三）。そして二月二十七日良源はこの楞厳三昧院の検校に補されている。時に五十七歳、もちろん天台座主の兼任である。激務の良源のために実務に堪能な弟子が別当聖救・勾当（こうとう）静安と配され補佐することとなった（『叡岳要記』下）。こうして横川は東塔・西塔に続く山上第三の区画としての体裁を整えていったのである。

楞厳三昧院

楞厳三昧院検校となる

三月十一日の僧綱召にあたって、良源は律師から権少僧都に昇進し、同時に権律師乗恵に内供奉十禅師の役を譲っている（『僧綱補任』）。王朝の才女清少納言が、「僧都・僧正になりぬれば仏のあらはれたまへるにこそ」と尊んでいる（『枕草子』一八四、位こそ）ほどの位置に良源は進んだのである。

権少僧都に進む

この年の六月、いよいよ延暦寺で広学竪義が行われることとなった。良源が座主着任

広学竪義はじまる

早々、朝廷に願って許された叡山最高の学問的権威探題の始動である。実際にはこれより一年前、探題房算・竪義会弘で第一回の広学竪義が行われる筈であった。しかし何故か会期近くに会弘が辞退し、この年は行われなくなった。あるいは房算の強い良源批判に会弘が恐れを抱いたか、同調しての辞退であろう。死去した房算に替って禅芸が探題となり、竪者に春叡と、前年分としてもう一人覚円の二人が選ばれた。禅芸は天台第二代探題であり、実質第一代ということになる。こうして宗祖最澄の忌日に、いわば天台宗の自宗運営の広学竪義が盛大に執行されたのである（『天台座主記』）。この広学竪義に禅芸・覚円らを選んだことについて、彼らがいずれも智証（円珍）門徒に属することで、山上の慈覚（円仁）門徒に人がいないとされることになり、両門不和の根源となったと説くもの（『園城寺伝記』六）がある。しかし、座主良源は慈覚派であり、右の人選に良源の意志が入らない筈はなく、もしそうであれば、慈覚派の向学心をあおる点にあったとも考えられる。

慈覚・智証両門徒不和の因

安和の変

安和二年（九六九）、良源は五十八歳となった。三月二十五日、多田満仲らの告発によって左大臣源高明の罪が発覚、大宰府に流されたいわゆる安和の変があった。良源はかつ

恩人在衡を慶賀

『尚歯会詩』

て師輔と共に山上に迎えたこの貴人の運命をどのような感慨でながめたのであろうか。

ところで、源高明の失脚の影響で大納言藤原在衡が右大臣に昇進した。在衡はこの事件とは関係なく、直前の十三日に自分の東山の別荘、粟田山荘で唐の白居易の故事にならって老人の清遊尚歯会を催し評判となっていた。在衡は、良源にとって出世の橋渡しをしてくれた恩人の一人である。承平七年(九三七)、維摩会の勅使在衡が、講師の威儀僧でしかない良源の才能を認め、時の摂政藤原忠平に推奨したのであった。盛宴と昇進の慶賀に赴いた良源は、尚歯会の詩篇を目にしてその感慨を詩作した。在衡もこれに答え、応酬は二度におよんだ。そのうちに「維摩室裏ノ逢恩ノ後、四十年来君ヲ忘レズ」と詠じ、さらに註記して「余ワカキ日、初メテ維摩会ニ参ズ、殿下勅使タリ、帰洛奏聞ノ次デ、愚ノ不才ヲ以テ、過実ニ褒美セラル、彼ノ恩ノ沢、行キテ今ニ及ブ、故ニ云フ」といっている。三十二年前、在衡四十六歳、良源二十六歳の往事である(『拾遺伝』、徳川美術館蔵『尚歯会詩』。四辻秀紀氏の御示教により補正)。

第五　叡山中興の祖へ

一　二十六ヵ条制式

二十六ヵ条制式の布告

天禄元年（九七〇）七月十六日、座主良源は二十六ヵ条におよぶ長大な制式（「二十六ヵ条起請」ともいう）を全山に布告した。いささかわずらわしいが、その内容がいかなるものかをしるために、標目をかかげることとしよう。

内容標目

一、舎利会別当（べっとう）（総責任者）による会日被物（ひもつ）（慰労品）・所司供（役職僧への饗応）等の停止。
二、六月会講師による聴衆・所司供の停止。
三、六月会竪義者による調鉢・煎茶・威儀供の停止。
四、十一月会講師による調鉢・煎茶・威儀供の停止。
五、安居講師（あんごこうし）（夏期の一定期間外出せず坐禅修行することが安居で、この時に行われる安居講の講師に選出された者）が調鉢を所司に供送する事の停止。

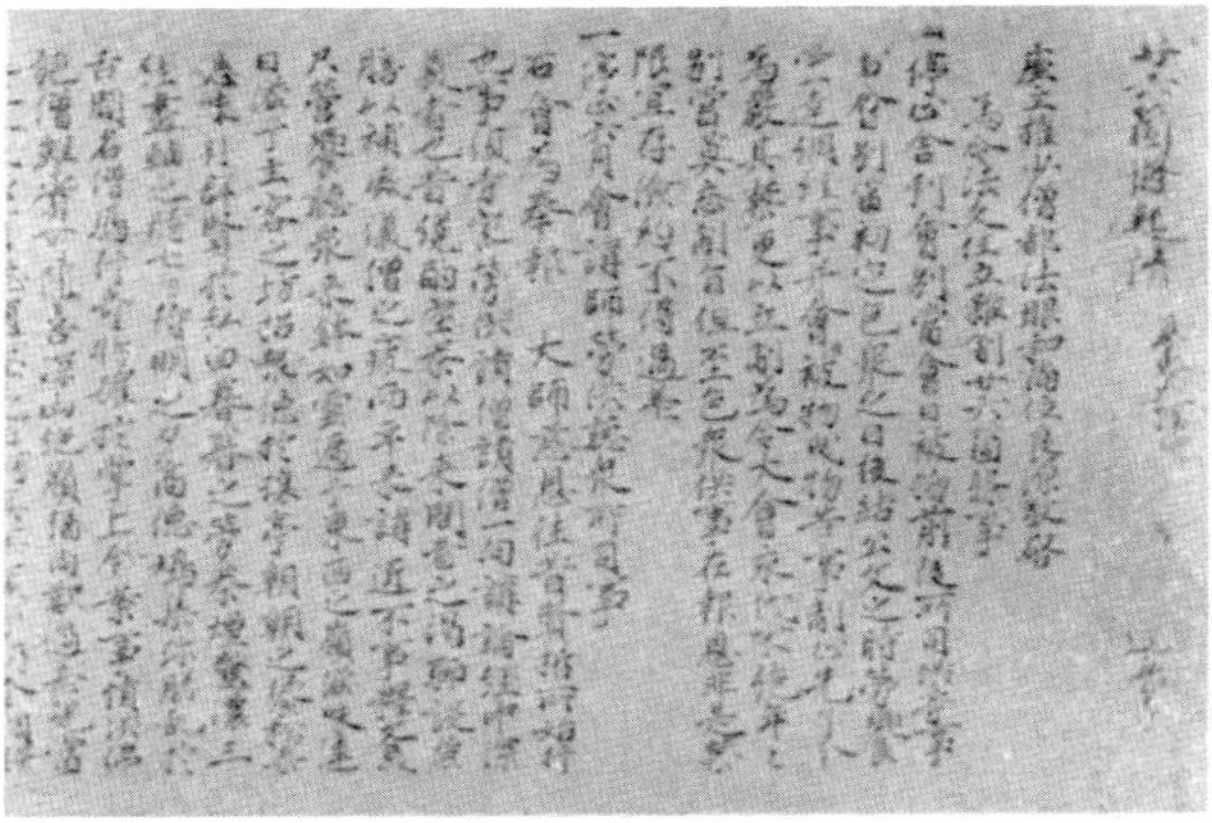

（「二十六カ条起請」，首尾，廬山寺蔵）

六、衆僧木履（木製のくつ）を着して堂上（法会の堂に上る）する事の停止。

七、羯摩物（戒律に関する法会に必要な法具）の代価を期日内に出さざる者は衆断（大衆の詮義により断罪）に処す。

八、布薩（戒律に関する行法）法用を欠く者は三年間の断に処す。

九、受戒後は必ず布薩堂に参り、戒の読誦・梵唄（声明）・維那（寺務のことか）作法を練習すべし。

十、諸法会諸衆の讃歎・梵誦等の作法を練習すべし。

十一、伝法・講経の席には必ず参会聴聞すべし。

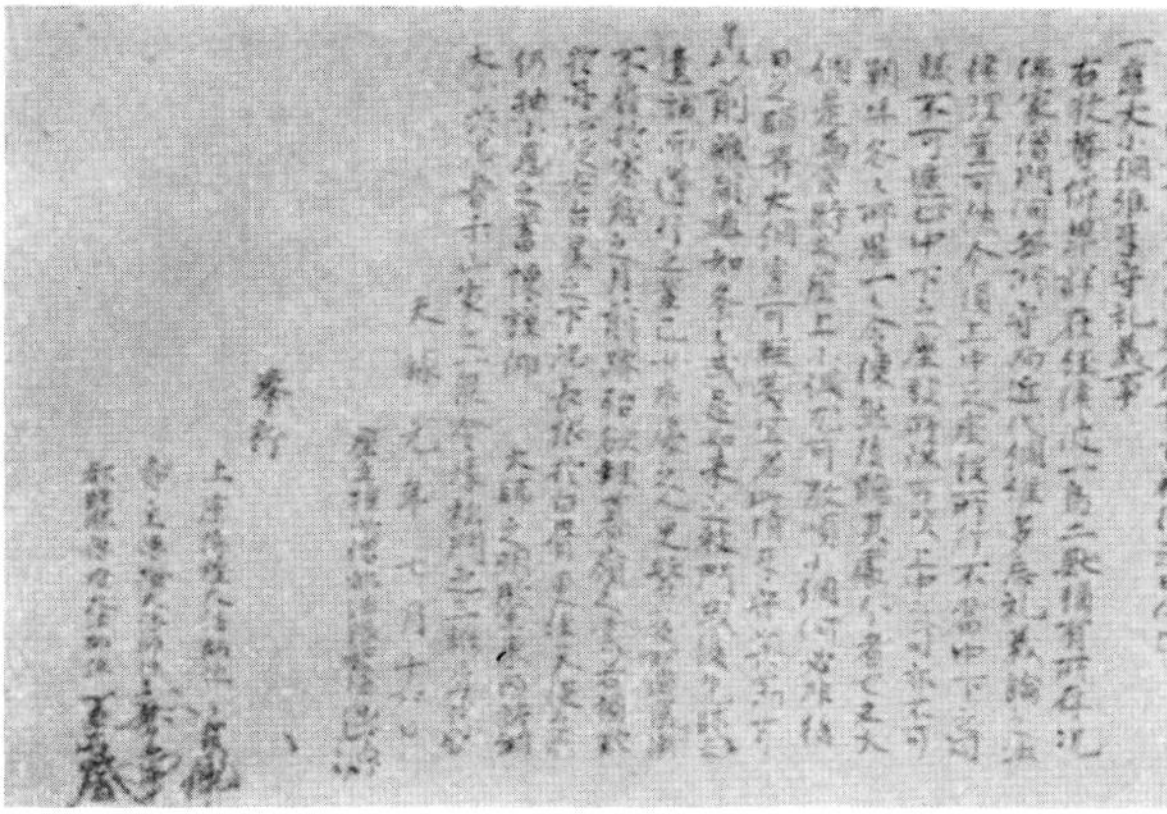

天台座主良源が山僧に示した布告

十二、年分学生は殊に法器を択ぶべし。

十三、籠山僧は結界（指定区域）外に出るべからず。

十四、若年僧は禁色（規定外の色の）衣服の着用を禁ず。

十五、公私の読経を懈怠する者は請用を停む。

十六、破子（弁当）を山僧に贈るを禁ず。

十七、結界内に放飼の牛馬は捉えて馬寮に進ずべし。

十八、裹頭（ふくめん）妨法の者を禁ず。

十九、兵仗を帯し僧房に出入し、山上を往反する者を捕えて公家へ進ずべし。

二十、山院内において恣に刑罰を行うを禁ず。

二十一、授戒の間乱妨をなす者を禁ず。

二十二、春秋二季、房主帳（各院・各房毎に住僧の法号・出身地・姓名を記した帳簿）を提出のこと。
二十三、山王二季、御読経僧の見参数（現在数）に依り、居住者を定める。
二十四、舎利会の日、綱維（役僧）・堂達が別当の房に参ることの停止。
二十五、綱維等が事に触れて座主の房に赴き慶賀するを禁ず。
二十六、綱維等互に礼義を守るべし。

この二十六ヵ条におよぶ制式には、右の標目のあとに一々具体的な事実をあげ、その是正・禁止、或は厳守をもとめている。その論述は、たぐいまれな弁説をもち、相手を説伏し、しかも同時に聴衆たちの共感を得る才能の一端を思わせるものがある。この制式制定の意義については、堀大慈氏の詳細な分析がある（「良源の二十六箇条起請制定の意義」『史窓』二五）。堀氏によればこの制式はつぎの四つにまとめられる。

第一、講教論義という教学についての禁制（二〜五・十一条）
第二、法用儀式についての禁制（一・八〜十・十五・二十三〜二十五条）
第三、比叡山の住僧として守るべき規律の要請（六・七・十二〜十四・十六・二十二・二十六

条）

第四、僧侶としてあるまじき不法行為の糺弾（十七〜二十一条）

そしてこれらのうちの多くは、最澄・仁忠・円仁等が折にふれて弟子たちに要求してきたことであった。良源自身制定したのはこのうちの十二ヵ条（二〜六・八〜十一・十五・十八・二十一・二十三条）である。この制定を下した意図は、良源が最澄・円仁の正統的継承者であり、天台座主として比叡山を統括し支配するものであることを、比叡山大衆に明白に宣言することであった。

制式の作成経緯
総持院再度焼失直後

堀氏の指摘によって良源の意図は明白となっているが、この制式は長い年月にわたって周到な準備をもって練り上げられたものではないと考える。この制式は天禄元年（九七〇）の七月に発布されている。焼失堂舎の復旧四年目、しかもこの四月完成したばかりの総持院が再度焼失したその直後にあたる。ところでこの二十六条におよぶ制式の第一条は、舎利会に関する禁止である。舎利会は流派の始祖円仁が唐より帰朝後に創始したもので、叡山における重要な法会で、総持院において行われる。その総持院が焼失してしまっているのに、何故そこで行われる舎利会のしかも主役僧の行動について禁制していることが冒頭なのであろうか。総持院が再度焼失するや、葺きかかっている講堂の作業を中断してまで全力をあげて総持院の再再建を目ざしている。そして滞りなく翌年の舎利会を遂行できるようにしている。

叡山の現状

ここに指摘していることは最澄の禁制が引かれているように、良源が天台座主就任以前からのものであった。しかし天台座主となった以上良源が正さなければならないものであった。事実就任直後に常行堂前や東西の坂本に制札などを立てていることは先にのべた。その効果は予想の通りあがらなかった。現実に山上罹災の回復という大事業がありながら、派閥的・閉鎖的各集団は当事者以外は無関係と、たいした助力もせず、自ら華美に流れ無用な饗応をくり返し、規律は乱れ、自ら勤むべき行法を疎かにしている。こうしたなかで、粒々辛苦して再建中の総持院が再度焼失するという失態である。あるいは嘲笑を投げかける者があったかもしれない。総持院での舎利会は明年より欠滞なく、正しく行わなければならない。そのこと自体が、現在の腐敗した叡山を再建する途であった。舎利会は明年かならず行われる。この前提を当然のこととして、叡山全山に布告

全山の統領

する制式を一気呵成に二十六条にまとめあげた。天台座主は全山の頭領であらねばなら

ない。天台座主は良源である。奉行人として上座伝燈大法師位法儆(ほうしん)・寺主伝燈大法師位寿連(じゅれん)・都維那伝燈大法師位聖燈(せいとう)の三僧、いわば叡山の執行機関の最高幹部の連署により、天台座主権少僧都法眼和尚位良源が、一山に布告したのであった。年五十九歳の時のことである。

多田満仲と結ぶ

ところで良源はこの年、摂津の川辺の渓谷を本拠とする多田(ただ)源氏の主、満仲(みつなか)に招かれ、その新築法華三昧院の供養導師を勤めている。『多田院文書』に載せる「摂州河辺郡多田院縁起」によれば、八月のことであり、法華八講の読師に良源の弟子源信があたり、

源賢

当院の別当に満仲の三男源賢(げんけん)が就任していることにふれている。源信と満仲とは師弟の契りがあり、その関係から源信の師良源が招かれたとする説がある(『摂津名所図会』)。その招請の経緯はどうあっても、良源と満仲の接触自体きわめて重要な意味を持っている。

満仲の人物

満仲は時の左大臣源高明が冷泉天皇の次位をねらって為平親王擁立という策謀をめぐらしたとして大宰権帥に左遷された、例の安和の変の引きがねを引いた人物である。高明の策謀は無実であり、実際は高明の勢力の伸長を恐れて藤原氏一族が結束、濡衣を着せ追い落したと推測されている。この無実の高明を、陰謀ありと密告したのが満仲で、そ

の筋書は満仲の仕える主人、右大臣藤原師尹が書いたという。この時期、武士達は政権を左右する力をまだ持っておらず、有力権勢家の走狗となっているに過ぎなかった。摂津の多田党を指揮する満仲は、藤原氏に密着し、その指示にしたがって場合によっては武力を行使して仕えてきたのであろう。事実無根の密告によって時の左大臣を失脚せしめる大事件をひき起すほどの離れ技を演じる満仲は、かなりの野心家といえよう。この満仲が自らの後生と子孫の繁栄を祈願しようとする時、藤原氏の信任厚い天台座主良源につてを求めるものはきわめて自然であろう。良源の方にも、「世ニ並ビナキ兵ニテアリ」「数ノ子孫アリケリ、皆兵ノ道達レリ」（『今昔物語集』一九―四）という満仲の武力を頼みとするところはなかったであろうか。良源が全山に布告した二十六ヵ条制式の違犯者に、断固たる処置で望める威嚇があるということになる。満仲三男源賢は『今昔物語集』によればはじめ尋禅の弟子であったらしく、源賢と源信との関係から良源が招かれたとするより、藤原氏・尋禅等を介して良源と満仲が結び付いた方がはるかに自然ではあるまいか。もっとも『僧綱補任』（彰考館二冊本）によれば、二年後の天禄三年十月三日良源のもとで登壇受戒しており、満仲と良源との接触は源賢を介さない方が正しいと思われる。いずれにしても良源と満仲は互に相手を必要としていたのである。

この年(天禄元年)十二月二十五日故師輔の第二子藤原兼通が延暦寺検校(俗人による監督者)となり、この寺は依然藤原氏と強い結び付きを維持している(『摂関伝』)。

横川の行法

二十六ヵ条の制式第八条で布薩の重要性を強調した良源は、天禄二年四月十五日、その本拠横川の楞厳院において自ら布薩戒を行い、以後毎月二度の執行を命じている。梵網経(ぼんもうきょう)に説く十の重禁戒および四十八の軽禁戒の読誦を聞き、日々過すうちに犯した誤りを懺悔する布薩は、本来半月毎に行われるべきもので、それが横川でも守られていなかったということであろう。良源はこの読誦のため、多忙な中にも毎日練習を怠らず、当日登壇して梵網戒を誦する一句々々は光を発し、容顔は矍鑠(かくしゃく)とし、列席の衆はそこに神異を観たという(『大僧正伝』)。彼自身「口ヨリ戒光ヲ出セバ、刹那々々ニ、身ハ覚位ニ近キ者トナル」(二十六ヵ条制式八条)といっている。

この十日後、全力をあげ、その威信をかけた総持院の落慶供養と舎利会が催され、山上が賑ったことはすでにふれた。

良源のこうした実務面の働きが認められてか、五月十一日僧綱職の実務をとりしきる

権法務となる

伊尹、師輔夫妻の追善を行う

一身阿闍梨

権法務を命ぜられた（興福寺本『僧綱補任』）。東寺の長者が代々正法務を兼ねるならわしでこの時は寛空がなっており、良源は寛空を補佐する形となる。天台宗としては天暦十年（九五六）延昌がこの職を得たが、七十七歳の高齢の故か辞退しており、その時から数えて十五年目のことである。良源の法務就任については、翌三年・天元四年（九八一）説もある。

これより先、四月二十九日、摂政藤原伊尹は亡き父母、師輔夫妻の冥福を祈って法華十講を催した。この法会は、山上復興の良源の身を案じてか伊尹宅で行われ、明年以後は横川のかつて師輔が建立した精舎法華三昧堂で行うこととしている（『本朝文粋』一四、「為謙徳公報恩修善願文」）。明年には山上復興が完了するという見通しであろう。また梵照はこの年、尋禅が良源から灌頂を受け、阿闍梨職の実質的な資格を獲得したが、良源は一身阿闍梨という特別な資格を考え出したことにふれている。定員以外に、良家出身という特別な身分の者に限り、その人一代だけ特別な阿闍梨とするということである。尋禅の受法に立会い、あわせて良源の六十の賀を祝うために登山した尋禅の兄弟たちは（『拾遺伝』）当然この考えに賛意を示したことであろう。良源は一身阿闍梨の解文（上申書）を作成、朝廷に提出した。こうして良源と藤原氏は密接な提携を依然続けるのである。

二　横川の独立と遺言

楞厳三昧院上申書を提出

天禄三年（九七二）正月十五日、横川一山を代表して楞厳三昧院から延暦寺執行部に一通の上申書が提出された。それは横川の現住僧（げんじゅうそう）が近年ようやく二百人の多きに達した。したがって西塔（院）が東塔（院）より独立したように、横川も叡山内の一独立区画として季帳（きちょう）を単独で提出できることを願ったものである。これはさきに良源が発した二十六ヵ条の制式の第二十二条に応じたもので、従来は東塔、または西塔と、その時々の便宜で季帳の所属を変えられ難渋していたことを述べ、横川が独立の季帳を出して、良源の布告に答えようというものである。文中に「ホボ御気色（みけしき）ヲ承リオハンヌ」と見えており、ただちに良源の裁可が下りており、むしろ良源の積極的な指図によるものと考えた方がよさそうである。住僧わずか二－三人の荒廃した横川を、二百人という一大集団に仕立あげたのは良源であり、良源は、東・西両塔の意志に左右されない独立区画横川を持ったことになる。横川はこうして良源の指導を受け、研学面での開花の場所となり、多くの俊鋭が育っていったのである。

横川の独立

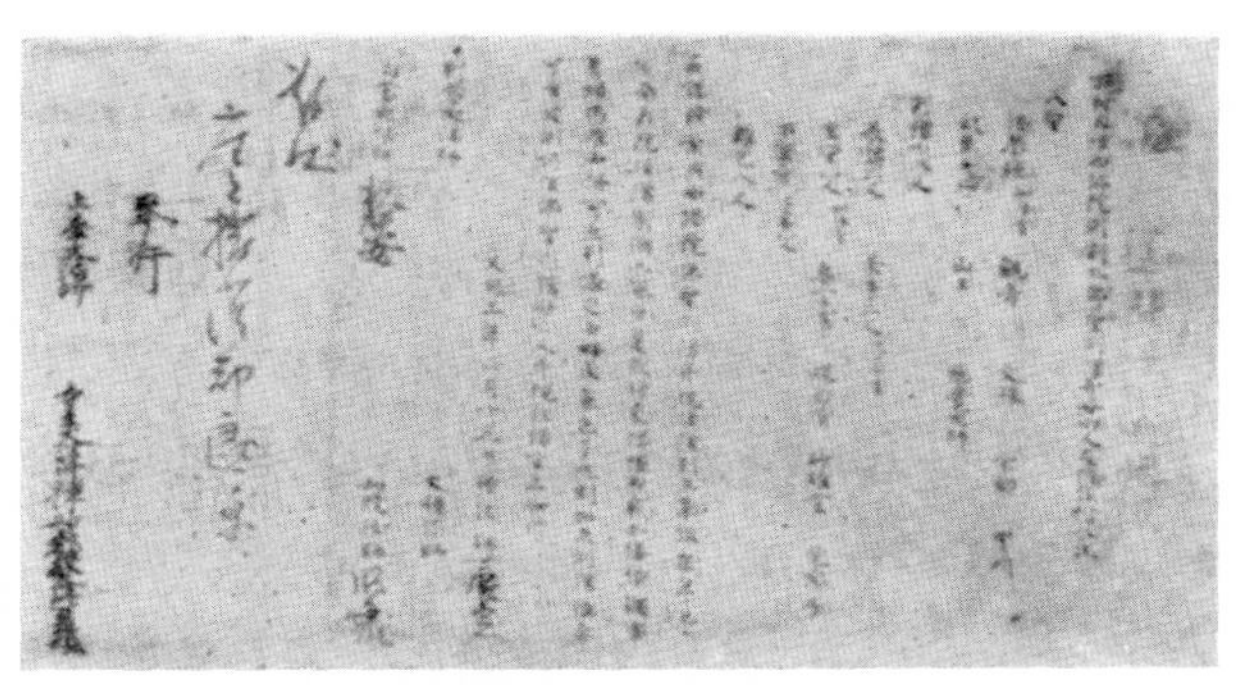
延暦寺楞厳三昧院解（伊藤清作氏旧蔵，延暦寺現蔵）
（横川が叡山内で独立した区画として認められた文書）

この年すでにふれた四月三日、講堂等五堂の新築供養になるのである。焼失堂舎の復旧という大事業のかたわら、全山の綱紀粛正と横川独立という組織面の強化を果しており、驚嘆に価する行動力である。もっとも主要堂舎焼失という非常事態であることが、逆に全山統一、拠点確保の必要性を高めたともいえよう。その必須条件を満たして行ったことはやはり良源の非凡な才能といわざるを得ない。この五堂落慶供養を終えた心のゆるみか、過労のためか、丁度一ヵ月後、病いにおそわれた。ほぼ二週間病床に呻吟し、良源はやがてくる自らの死後の叡山に思いをはせた。この病いでただちに死期を悟ったというより、人は誰でも死を逃れることはできない。いましばらく生きたとしてもやがては死なねばならない。

この行動力ある高僧は、そのことに思いを致すや、ただちに良源死後の様々な問題について指図書を作り上げた。没後の雑事、いわゆる遺言である(「慈恵大師自筆遺告」口絵参照)。

遺言の内容

まず良源が直接管理する房堂の後継者の指名、つぎに主要財源である諸荘園からの収入の用途区分、さらに顕密法具類の分与、そして葬儀のことにまでおよんでいる。これらの遺言について少し立入ってみよう。

堂舎について

まず横川における良源の住房は、良源亡きあと妙香房(みょうこう)に付托する。これにしたがわないものは一門から永久に追放する。師輔の意志によって作られた真言堂は禅師君(ぜんじのきみ)の指図にまかせる。南谷の根本房地は妙香房に譲る。西塔の本覚房は暹賀と静安の二人が守ること。東塔の房地を妙香房に譲る。華山(山科)の中院妙業房は静安の管理に任せ、また平愉君(へいゆぎみ)の居住を認めること。横川の東麓苗鹿の里の苗鹿院は源漸が管理する。政所屋(まんどころ)(僧務をとる場所)は院司と妙香房が共同で管理する。安真が尽力して造立した木屋は安真が指図する。暹賀に依頼している校屋の造立に協力すること。建築予定の九間二面の屋は三綱(さんごう)(執行部)と暹賀によって進展させること。明豪の母君の住居として、去年早々に

弟子たちの母への配慮

造立した板屋は平愉君が管理し、同法は時々その母君を慰問するようなど、こまごまと

定めている。現存する房舎だけでなく、建設途中の屋舎についても詳細に指示しているところなど、堂舎復旧をなしとげた良源の建築面での才能を如実に見る思いがする。また、門弟たちの老いた母の生活にこまごまとした配慮をしていることなども、良源が彼の母に尽した孝養を偲ばせる。彼がかつて亡母にした同じ配慮を門弟たちの上にもしたのである。

所領の管理と運営

堂舎のつぎは所領の管理と運営である。師輔から贈られ、良源のもつ最大の収入源である岡屋庄の地子（租税）を三分し、一分は法華堂常燈料、一分は修理料、一分は八講料に宛てるよう命じている。このうち最後の八講は、もともと師輔の菩提を回向するため始めたもので、良源の死後もこれを行うこと、しかも周忌の八講にはかならず論義を行うこととしている。もしこれを忌む者があるとすれば、それは良源の本意に反する者である。論義こそ良源の本業であり、論義を行うことが一切衆生の回向となるし、ついで故殿下師輔の、そして最後に良源の回向にもなるとしている。また近江国高島郡鞆結庄・同郡黒田江西庄・野洲郡立（入）庄・神崎郡高屋庄・出雲国嶋根郡三津厨・若狭国志積浦などの諸庄は一々取得経緯も明記し、法会の常燈料・修理料・僧供料などの用途にあてる。そして志積浦は妙香房の所属とするなどと指示している。

尋禅の位置

これまでに再三名のあげられている妙香房とは禅師君と敬称される尋禅のことで、この頃以前に良源の定心房から離れて独立の房を持っていたのであろう。その房を妙香房という。良源は尋禅を禅師君またはその房名妙香房で呼んでいるわけで、両名を厳密に区分して使用しているものではない。師輔より贈られ良源が管理した主要諸荘は尋禅のものである。良源は自らの没後、この尋禅を中心に横川を、そして叡山全山運営を構想したのである。それは師輔とのかつての約束であった。良源は師輔との約束を忠実に履行するため、病床にあって遺言を書いたことにもなる。機を見るに敏で政治力や行動力のある人物は、ふつう自己中心的であり、背信的な性格が多いようであるが、良源の場合は全くこれに反する。思いやりと約束を履行する律義さが窺われるといえよう。

法具と印

尋禅にはさらに横川の経蔵に安置する顕密法文の管理と三鈷(さんこ)鈴(れい)・五鈷鈴、念珠などの主要法具類を譲ることとしている。そして入滅の日に御願院(ごがんいん)の印と私印の二面を授け、四十九日の後に御願院検校の解文を提出するよう指示している。法文法具の処置を定めたあと、自らの葬儀についてこまごまと申し遺している。

葬儀について

たとえば墓地の場所、棺の作成、石の卒都婆等は自分の生前中に定める意志をもっているが、それが果せなかった場合を予想して、すべてにわたって申し遺している。墓所は北方勝地、棺は死亡当日直ちに作り、日の吉凶を選ばずその夜のうちに入棺する。そしてかならず三日以内に埋葬すること。衣服は素服・縄帯のいわゆる喪服を着用してはいけない。これらのことは決して教えに違犯してはならない。このことについて「命終三日之内、必可葬之、不可延引、遺弟等不可着素服・縄帯、努力々々、不可背教」とあって何の説明もないが、要は大がかりな葬儀を行おうとして、日時の選定に手間どったり、法具の調製や費用の捻出に走り廻わり、華美な葬儀となることを避けたものであろう。素服、すなわち喪服を着用するなというのは、本来僧侶は重服の時以外は喪服を着用しないのがならわしであり、良源の死は重い服忌でないことを強調したものである。山上諸堂舎の復興供養は盛大に行いながら、自己の葬儀は全く質素でよいとする考え方で、弘法・求道のためなら費用を惜しまない。場合によっては俗権と手を結んでもよいが、単なる形式的なことは質素でよいというものであろう。

良源の訓戒

かつて良源は、若い修行僧が戯れに相撲を取っているさまを見て、仏徒として専心修行し、空しく日を過さないこと、朝廷の仏事法会などに参加したり、仏道の論義決着にあたったりした際、自らの名をひけらかしたり、名誉を求めてはいけない。ただひたすら他人を立て、自らを後にすべしと誡したという。誡された弟子たちは「衒名之人（げんめい）」と見える師匠の言葉として、その言行不一致にとまどったという（『大僧正伝』）。修行未熟の若輩僧の皮相な見方であることは、さきの遺言で明らかであろう。ただ、一般的にはこの若輩僧の見方が大勢を占めていたようで、良源は権勢欲に凝り固まった僧とだけ評価され勝ちであった。

つぎに墓所の高屋（たかや）や板垣は普通のものとしたあと、入棺・焼所（火葬）・拾骨・留守人の所役の人を指名し、仮りの卒都婆、納骨の穴の深さから土盛りの仕用、安置の真言（呪文）の執筆者にいたるまでこまかく定めている。

そのあと四十九日までの追善行事を行う場所・人数をも指示して終る。三日から書きはじめて十六日までにこの諸事を記したとして、若しこれらのことで改める事があれば追って定めるとしている。このゝちに文書等に捺す印のことに気付き、さきにふれたように尋禅に付託することを定めて遺言の裏面に書き加えている。

弟子たち

良源は遺言で尋禅の位置を明確にしたが、そのほかに、静安・暹賀・聖救・安真等を特別扱いとしている。このうち静安に対する良源の信頼は厚く、かなりの役割を与えている。

静　安

静安は天慶四年（九四一）律師覚恵に得度受戒したが、覚恵は良源に三部大法等を授け元慶寺阿闍梨職を譲った僧で、良源・静安は覚恵を軸として見た場合兄弟弟子となる。遺言中でも静安同法と呼んで敬意を表している。これより後、天延三年（九七五）良源の奏上によって元慶寺別当となっている（彰考館二冊本『僧綱補任』）。

暹賀・聖救

暹賀・聖救は兄弟で、兄の暹賀は承平元年（九三一）、弟の聖救は同三年それぞれ得度受戒している。恐らく尊意のもとで受戒し、良源も私淑した基増の室に入り修業し、そののち良源に師事したものであろう。聖救はのち天延二年（九七四）良源に推挙され延暦寺阿闍梨となっている。静安は権律師、暹賀は第二十二代天台座主で権僧正、聖救は大僧都、安真は律師（権少僧都とも）となっており、それぞれ昇進して僧綱入りをしている。良源が見込んだ、いわば実務派の僧侶たちであろう。

良源の四哲

ここで注意したいのは、良源の四哲といわれた高弟たちの位置で、尋禅・源信・覚運・覚超の四人のうちで、尋禅以外の三人は遺言の中に全く名前が記されていない。たとえばさきの天禄三年四月三日に行われた五堂落慶供養のさい、源信

学究派

根本中堂の三燈を一燈とする

(大講堂供養) は静安(総持院供養) と同じように右方の梵音衆となっており、覚運も右方の錫杖衆(大講堂供養) の中に見えており(『叡岳要記』)、僧位などで源信等が甚しく劣っていたとは考えられない。源信等を煩しい寺院運営や行事面から除外しているのは、むしろ良源の配慮であったように思われる。横川が研学の中心となり、良源の弟子たちが数多くそこから巣立ったのにはこうしたいわば学究派ともいうべき僧侶を寺院事務から解放したところにあるのではなかろうか。突発的におそわれた病の床で短時日でまとめ上げた良源の遺言は、冷静緻密なものであった。

この年(天禄三年)、恐らく病癒えて後のことと思われるが、根本中堂の三燈を集めて一燈としている(『園太暦』貞和元年四月十四日条)。根本中堂に燃える常夜燈は、かつて開祖最澄が「あきらけく後の仏のみよまでも　光つたへよ法のともし火」(『新拾遺和歌集』一四三〇)と自宗の無限の発展を願って燈した不滅の燈である。延暦寺の発祥地である根本中堂は、当初根本薬師堂と文殊堂と経蔵、いわば持仏堂・常住坊・書斎の三堂併立から出発し、第五代座主円珍の時(元慶六年=八八二)一大堂に改築された。三燈はその初期の三堂に因むものかと思われるが、良源の時代になって根源は一つ、不滅の燈は三燈合した一燈でよいというのであろう。このことはさらに、東塔・西塔・横川と三区画となっている叡山は一つであり、或は全国に分流する天台諸院は当然一つという理念にも通じよう。

兼通・兼家の兄弟争い

この年十一月一日、師輔の長男、藤氏の長者、摂政太政大臣伊尹が四十九歳で薨じた。伊尹のあとは次弟兼通が関白となり、延暦寺の検校も兼ねた。ポスト伊尹はこの兼通より四歳下の三男兼家が地位としては兼通を早く追い抜いて好位置にあった。しかし村上天皇皇后安子の遺言をたてに兼通が兄弟順の継承を主張、再度その地位が逆転したものである。以後実の兄弟が骨肉の争を展開するわけであるが、いずれにしても尋禅の異母兄たちで、藤原氏内部の葛藤であった。したがって良源への大きな影響はない。この伊尹の葬送の時、何故か穢によって延暦寺の守護神山王神の祟を受け、良源自ら祭文を奉り、捧物をして神の怒をといたという(『日吉山王利生記』)。梵照は伊尹の薨去を天禄四年のこととして、この祟にふれているが感違いであろう(『拾遺伝』)。

尋禅一身阿闍梨となる

天禄四年三月十九日、かねて良源から申請されていた尋禅の一身阿闍梨の許可が下りた。特例として楞厳院の定員外阿闍梨職に補されたもので、尋禅が死去すればこの員数はなくなるものであった。関白藤原兼通等の後援があったことは疑いあるまい。この処置はまったく特例であったが、以後名流の子弟で僧界に入るものが多く、しだいに一身阿闍梨の制は通例となっていった。設置のいきさつはともかく、権門の子弟を僧界で優遇する悪例を作った張本人としての非難は正しいといえよう。

横川の組織化から後継者の指名、一身阿闍梨補任と、良源の意図はいよいよ明瞭となった。病が良源の構想実現をせかせることにもなったのである。なお尋禅が一身阿闍梨に補せられたのと前後して、同じく良源が申請していた聖救・覚慶の延暦寺阿闍梨、明豪（ごう）の慈徳寺阿闍梨も同様認められた（彰考館二冊本『僧綱補任』）。

三　僧兵創始説

受戒式の中断

天延元年（九七三）十一月叡山で受戒が行われた。すでに二日間にわたり多くの新僧侶が誕生し、三日目におよぼうとした。ところが突然座主良源の命で三日目の受戒は中止となった。人々はその理由が判らず、その処置について不審に思ったが、三日目に当る日、にわかに戒壇真上の天井が崩壊落下し戒壇を破壊した。もし受戒の行事がそのまま行われていたなら、多くの関係者が圧死したろうと事故の回避に、人々は安堵した。天井は直ちに修理され、二日後につつがなく受戒行事は遂行された。この事件は、良源の神通力とも思える予知能力のすぐれていたことを示すものとして伝えられているが（『大僧正伝』）、むしろ戒壇院の老朽化に対する細心の注意と、大行事の即時中止という決断力の強さを示すものとすべきであろう。梵照はこの年、臨時の度者十五人の受戒を記し、その中に多田満仲の息源賢のいたことにふれている（『拾遺伝』）。難を免れたなかにこの源賢もいたのであろうか。ただ源賢の受戒には他説もある。年末十二月二十二日の僧綱人事で良源は権少僧都から正少僧都に進んでいる（『僧綱補任』）。年六十二歳である。

少僧都となる

祇園社帰属問題

天延二年五月七日山城国観慶寺感神院が延暦寺の別院となった（『二十二社註式』）。感神院とは祇園社ともいわれ、明治の神仏分離令によって寺院の部分を除去し、八坂神社と呼ばれ、例の祇園祭で著名な社である。この時点では神仏混交の神宮寺であった。延暦寺に属する以前は奈良興福寺を本寺と仰いでいた。東に蓮花寺という叡山の末寺があり、南東に東大寺の末寺清水寺がある。天徳三年（九五九）三月、感神院は清水寺と争い検非違使の制止を受けている（『日本紀略』）。『今昔物語集』巻三十一の第二十四話はつぎのような説話を載せている。

『今昔物語集』中の説話

祇園社はもと興福寺の末寺で、その東にこれは叡山の末寺蓮花寺という寺があった。ここに大変美しい紅葉があり、祇園別当良算がこの一枝を所望したところ、蓮花寺側はこれを拒絶、両者に紛争が起り、はてはこの木を伐り倒す始末となった。叡山座主良源は良算を召喚しようとしたが、叡山に所属しない良算はこれを拒否する。そこで良源は祇園の神人、代人等にせまって祇園を叡山に附属させる寄進文を作らせ、良算追放を計った。良算は公正・致頼という武士をやとい、良源もまた叡荷・入禅という武芸すぐれた西塔の僧を遣し、遂に良算を追放した。祇園の本寺である興福寺はことの次第に驚き、大衆を押し立て公けにその不当を訴えた。その間良源は死去したが、明日訴訟の裁決があるという日、興福寺側の中心人物中算（仲算）のところへ良源の霊が現われ、初志貫徹のことを依頼した。中算は裁決の当日病いと称して出席せず、このため裁決が行われず、遂に祇園は叡山の末寺となった（取意）。

今昔説話の分析

感神院の天台帰属については、天延三年（『一代要記』）・天元二年（『天台座主記』）などの異説もある。また右の説話は事実に反する部分を含んでいる。話の後半は良源の霊が仲算を説得するのであるが、天延二年に天台帰属が決したとすれば、この時良源六十三歳、二年前に大病を患ったが、死んではいない。こののち十年にわたって活躍、永観三年（九八五）七十四歳で死去する。一方興福寺の仲算は、良源より早く、貞元元年（九七六）四十二歳で死去するので、良源の霊が仲算を訪れることはない。また事件の発端が紅葉一枝の争いであるかどうか明らかではない。しかし興福寺末の名跡寺院が、問題なく簡単に天台末寺化するとは考え難い。さきの清水寺との争乱の事実とも考え併せれば、祇園社は近隣の東大寺系・天台系両寺院と紛争が絶えず、結果的に叡山の支配下に属することとなった。この事実の説話化したものが『今昔物語集』所収話となったものであろう。その紛争のさい、良源が遺した西塔の二僧の活躍は何を意味するものであろうか。

僧兵創始説

水戸徳川家の『大日本史』は、良源が「悪僧ヲ聚メテ専ラ武技ヲ講ジ、号シテ衆徒トナス。僧兵コレヨリ起ル」と指摘している。すなわち良源が僧兵の創始者であるとする代表的見解である。良源が派遣した二僧はいわゆる僧兵であったことになる。良源僧兵創始説はしかし『大日本史』の新説ではない。この考え方は室町時代まで遡る。応永六年（一三九九）法眼春全が古記録から抄録した『山家要記浅略』（衆徒門徒事）に、つぎのようにある。

『山家要記浅略』の記述

慈恵(良源)大師治山の時、大師の言うのには、文と武を相兼て、はじめて天下を治めることができる。そこで愚鈍無才の僧侶を撰んで武門一行の衆徒とした。それは、上古の時代は世を挙げて仏法を崇めた。しかし、末世になるにしたがって人々は仏法をないがしろにしだした。こうした状勢のなかで、この山の運営費が調達できなければ、どうして久住不退の法燈をかかげることができよう。したがって、四天王が帝釈天を守護するように、わが武門の衆徒は、わが荘園に対する不法を自力で排除し、他宗の横暴に対抗し、正法を守り、この山に修学の僧侶たちを助けよ(取意)。

僧兵創始説批判

これによれば良源が愚鈍無才の衆徒を選んで武装させ、自宗の荘園を維持し、他宗との抗争に備えたというものである。『太平記』(山門寄京都)にも同主旨の説があり、さらに文明元年(一四六九)に南禅寺の蘭坡景茝の著わした『慈慧大師伝』中にはもっと強烈に記されている。文殊菩薩の本誓は一に利劍、二に梵篋、すなわち経巻である。経巻によって智を学び、これに利劍を加えることによってはじめて法を守ることができる。弓箭を帯することは文殊の心を活かすことになるとして、僧侶の武装化を理論付けしている。『大日本史』の説はこうした先行資料に基づいて立てられたものである。しかしこうした先行資料も、明瞭に見られるのは室町時代であり、少し甘くしても南北朝時代であろう。これでは平安中期に活躍した良源の正しい認識とはいえない。良源の最初の伝記『慈慧大僧正伝』や梵照の『慈恵大僧正拾遺伝』にはこうした説は片鱗も見られない。また、すでに見たように良源の二十六ヵ条制式の第十八条は裹頭妨法の者の禁止、第十九条は兵仗を持して僧房に出入し、山上を往来する者の捕縛を求めている。良源は、むしろ武装僧侶の取締り者であって、僧兵の創始者ではない。諸書による良源の僧兵創始説は、すでに故辻善之助博士によって否定されている（『日本仏教史之研究』続、僧兵の起源）が、

ただ、良源の時代叡山に僧兵が払拭されたかというとそうではあるまい。律令制から荘園制への転換期という社会情勢のなかで、叡山も正税と出挙という国庫依存から、独自の荘園経営に乗り出した現状で、紛争解決に武力を行使しないで済む筈はなかった。妙香院領を根幹とする良源の荘園の維持と拡大、さらには統一叡山の経営、財源確保には、どうしても武力がなければ不可能であった。しかもそれは座主の指揮に忠実にしたがわなければ意味がない。座主指揮下の統制ある僧兵の出現、それが『今昔物語集』説話の二僧の存在であり、良源は叡山の僧兵の再編成者ということになる。経済的基盤の確立

に加えて綱紀の粛正、堂舎の再建、叡山は新しい時代を迎えるべく、良源によって着々と進められていったのである。

第六　栄光と陰影

一　良源栄進

季御読経の論義、源信対奝然

観慶寺が天台の所属に決した翌日、すなわち天延二年（九七四）五月八日、内裏の穢によってのびのびとなっていた季御読経が始められた。三日目、南北二京の学僧による論義が行われ、第三番目に良源の四哲の一人源信が問者となり、東大寺の奝然と対した。奝然はのち渡宋、例の嵯峨清凉寺の栴檀瑞像（国宝）を将来した僧である。この日の論義で称讃を博したのは導師真喜と源信であった（『親信卿記』）。源信にもかつての良源のように世間的に出世するチャンスはあったのである。しかし、源信の心は僧位の昇進より、むしろ慶滋保胤らが行なっている勧学会のような純粋な信仰運動に共鳴していたようである。源信時に三十三歳であった。

またこの年の十二月十五日、良源は番僧二十口を率い、宮中仁寿殿において天台の大法熾盛光法を修している。修法は七ヵ日間におよび、結願の日にその賞として禄および度者一人を得ている。そして良源は権大僧都に進み（『僧綱補任』五月十一日とするも誤り）、伴僧の尋禅も権少僧都に任ぜられている。尋禅については、通常僧綱入りの最初の位である律師を飛び越えたもので、さきの一身阿闍梨位といい、破格の扱いで、権門の子息が優遇される初例として注目されるものであった。両人の喜ぶさまを「喜懼ノ至リ、手足ノ度ヲ失シ、各モツテ退去ス」と平親信は彼の日記に書き留めている（『親信卿記』）。良源六十三歳、法臈四十七年、弟子尋禅は三十一歳、法臈十七年であった。

権大僧都となる尋禅抜擢

横川中堂の改造

天延三年（九七五）は、良源が流派の祖と仰ぐ慈覚大師円仁が天長六年（八二九）横川中堂を建立してから百四十六年目となる。良源はこの時にあたり大改造を行い、飯室・上堂の不動を作った仏師明定に等身不動明王像を作らせ、導師に権少僧都で多武峯の検校でもある増恒をあてている（『叡岳要記』下。『華頂要略』一二二）。横川中堂には円仁が入唐求法の航海の危難を救った聖観音と毘沙門天の二像を安置していたが、新たに不動明王像を加えて特異な三尊像形式が出現することとなった。不動明王とは密教の代表的忿怒像で、如来の教命を受け内外の難障と諸々の穢垢を焼き払い、一切の魔軍・怨敵を滅す役目を

慈覚大師の後継者

大僧都となる

兼通横川で父師輔の法会を行う

延暦寺巻，東京国立博物館蔵）

する。良源に敵対する者を滅ぼし、良源やその一統を守護してもらうための安置であろうか。この新装横川中堂は、二ヵ月の後、良源の大檀越ともいうべき藤原氏の総帥関白太政大臣藤原兼通を招き、舎利供養会を催している（『日本紀略』天延三年三月二十八日）。中堂の改造に併せて、円仁の法界坊も改築、正月十四日慈覚大師供の法会を行い以後恒例とし、さらに阿闍梨房・雑舎・宝蔵・大衆屋を造り（『華頂要略』一二二）、横川を整備している。慈覚大師の正当な後継者として自らもふるまい、他への表示でもあったといえよう。四月、増恒の死によって欠けた元慶寺阿闍梨の職に、良源の股肱の臣、静安が良源の推挙を受けて着任した。十月良源はさらに昇進、大僧都となり（彰考館二冊本『僧綱補任』）、栄光の座を進んでいる。

翌貞元元年（九七六）三月、さきの藤原兼通は父師輔の法会

兼通と良源

を横川中堂で行なっている（『日本紀略』）。師輔没して十六年目、年忌でいえば十七年忌ということになる。横川は師輔の後援によって整備できた場所であり、藤原氏の長者がこの師輔縁りの地で法会を行うことは何の不思議もない。ただ良源と兼通との関係は、例えば師輔との関係に見るような緊密なものとは考え難い。兼通は叡山僧でいえば相応入室、延昌に受戒した無動寺検校遍斅（へんこう）と親しく、治病の功として前位六人を越えて権律師に抜擢する（『僧綱補任抄出』）など重用している。良源は横川のもつ藤原氏との歴史的提携によって巻き返しを計り、接触に成功したものであろう。兼通の息念禅（ねんぜん）を自室に迎え出家させたことにより、さらに親近関係は増し、多くの施物を得た。そのうちの屏風・几帳は良源の信心篤い日吉山王社に献ぜられた。念禅にも尋禅のような一身阿闍梨の地位を求めての努力であった（『拾遺伝』）。その尋禅は、この年の九月、天台の名門法性寺の座主となった（『僧綱補任』）。年三十三歳、法﨟わずか十九歳の若輩が延暦寺座主への最短コ

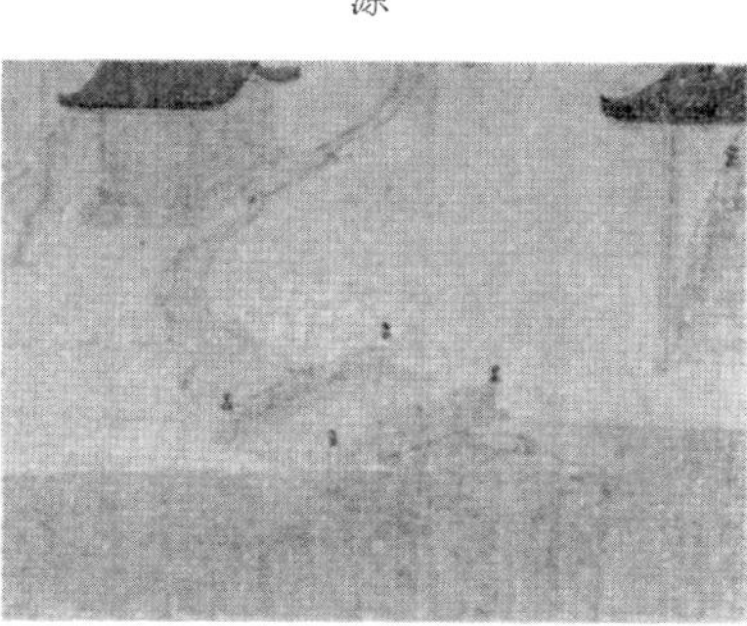
横川中堂（『天狗草紙』）

尋禅法性寺座主となる

ースの切符を手にしたわけで、良源の絶対の後援があったからに他ならない。ただ尋禅はこの位置にとどまるのは僅か一年で、律師長勇と交替する。十月、応和の宗論で良源に対抗して南都側で活躍した例の仲算が四十二歳で没した(『興福寺別当次第』)。時に西大寺別当であった。さきの祇園社帰属問題で良源が仲算より先に死んだようにいわれるが(『今昔物語集』)、事実は逆で、仲算の霊が良源のところに現われなければならない。

二つの舎利会

山上法会

貞元二年、良源は二つの舎利会を行なっている。一つは三月二十一日(一説に四月七日)延暦寺で、他の一つは翌月同日、洛東神楽岡吉田寺に於てである。山上での法会は七宝塔二基とこれを乗せる輿を作り、八部衆の装束三十余襲や堂の飾り法具を新調した。色衆(法会のさいの梵唄・散華僧)三百五十人を動員、朝廷はその賞として度者を与えた。この日のために日吉山王社々前で、地主三聖を崇め、当地諸民の利益の祈願をも兼ね、予行の演習を行なっている(『拾遺伝』)。この舎利会は、かつて慈覚大師円仁が宋朝の盛儀を目のあたりにして、これをわが朝に移そうとして仏舎利を将来、総持院の文徳天皇御願塔中に安置したものであった(『九院仏閣抄』)。良源にとっては、かつて楞厳院検校に補されたさい、仏舎利会を行い、いずれの日にかこの法会を流祖円仁が願った宋朝の規模に劣らない盛儀として山上に催すことを誓ったものであった（『拾遺伝』）。そして山上の復興なったこの時、華麗な法会を執行して宿願を果したのである。したがってこの会は多数の俗人の参拝を必要とする。しかし、その中で女人は山上に自由に参拝することをかたく禁じられていた。そこで山上の儀式そのままを俗界に移し、女人の参拝を可能にしたのが、一ヵ月後の神楽岡西麓の吉田寺で行われたものである。神楽岡は現京都大学の東側

吉田寺法会

にある小山で、中近世期に威勢を張った吉田神道の拠点吉田神社がある。この吉田社の北に重閣の講堂を建て、数宇の雑舎を加え舎利会の場所とした。会の前に習礼（しゅらい）（予行）を行うことなどすべて山上の儀式そのままであった（『拾遺伝』）。この舎利会は、良源が母のために行なったものとの説（『栄華物語』とりのまひ）があるが、良源の母は康保三

女人結界石（坂本付近に残る女人禁制の標石，講談社『秘宝比叡山』より）

年（九六六）すでに逝去しているので誤りである。良源が吉田寺で舎利会を行なってから半世紀近く後の治安四年（一〇二四）、天台座主院源がやはり仏舎利を運んで洛中祇陀林で法会を行なっている。その模様は「吉田野之昔儀」（『伊呂波字類抄』幾部、諸寺）の如しといわれた。

『栄華物語』の叙述

三百余人の僧の、梵音・錫杖の音など、様〳〵いみじくめでたく装束きとゝのへて、御輿二つをさきにたて奉りて、定者（先導僧）左右よりいみじくおかしげに歩み続きたるに、御輿につきたる物ども、頭には兜といふものをして、いろ〳〵のおどろ〳〵しういみじき唐錦どもを著て、持ち奉れり。楽人・舞人、えもいはずめでたし。祇陀林におはしまして、御前の庭を、たゞかの極楽浄土の如くにみがき、玉を敷けりと見ゆるに、こゝらの菩薩舞人どもに、例のえもいはぬ菩薩の顔すがたにて、左右にわかれたる僧達に続きたり。御輿のおはします法興院より祇陀林までの道の程、いみじき宝の植木どもをおほし並めたるに、空より色〳〵の花降り紛ひたるに、銀・黄金の香炉に、さま〴〵の香をたきて薫じ合せたる程、えもいはずさま〴〵装束たる、舞ひたり。この楽の菩薩達の金・銀・瑠璃の笙や、琵琶や、簫の笛、篳篥

など吹き合せたるは、この世の事とゆめに覚えず。（『栄華物語』とりのまひ）

良源から院源までの半世紀の間は浄土思想の飛躍的発展の時期であり、いかに昔儀そのままといっても右文章の中から極楽浄土的色彩の要素を差し引く必要があろうか。しかし良源当時の舎利会の盛儀をうかがうよすがとはなる。円融天皇もこの仏舎利を内裏に請じ、親しく礼拝しており、舎利会は大成功であった。

病魔退散

この年の夏奇妙な事件があった。良源の宿房定心房のある夕暮れ時のことである。良源は手で剣の印を結び、室外の壁の方にそろそろと進んだ。従僧が師の動作を不審に思っていると、良源はつぎのように語った。外から一匹の鬼が来た。その顔は紺青で壁を通って入って来たのだ。鬼は従僧には見えなかったが、病魔が良源を襲って、良源の手印により追い返えされたものである。以後数年良源は病むことはなかった（『拾遺伝』）。

権僧正となる

十月の僧綱召で良源は権僧正に進んでいるが、これは藤原兼通が重病となり、その平癒祈禱によって奇蹟的に兼通が本復したため、その功が賞されたのであった。伴僧の寛敒（しん）・円賀の両阿闍梨も権律師に任ぜられている（『僧綱補任』）。また同月二十八日、法性寺座主に律師長勇が補任されている(『僧綱補任』)。したがってこれ以前に前任者尋禅はこの地位から去っているわけで、何故一年という短時日でこの地位を辞したのかは明らかではない。ただこの長勇も門徒の愁訴によって辞任したとする説(『二中歴』四、座主歴)もあり、紛争があったらしいことを窺わせる。

兼通と兼家との兄弟争い

兼通の病は、従来から続けられていた弟兼家との骨肉の争の最後の火花を散らすこととなった。これについてつぎのような逸話がある。関白兼通の病いが重く、その後任人事が取沙汰されている頃の或る日、弟兼家の行列が兼通の堀河邸に向ってやって来た。日頃不仲の弟であるが、やはり見舞に来てくれたかと兼通は喜んだ。しかし行列は案に相違して門前を通り過ぎてしまった。弟兼家の東三条邸と堀河邸とは共に二条大路に面しており、兼家が参内するためには、堀河邸の前を通らなければならなかった。兼通亡きあとの後任問題の奏上と察し激怒した兼通は、重病の身をおして俄に参内、関白を従兄頼忠に譲り、兼家の右大将を停めて治部卿に貶す決定をしたというのである(『大鏡』兼通)。この異常な執念を示した兼通は、良源の祈禱の甲斐なく、十一月八日五十三歳で薨じた。兼通の一周忌の法会は翌年の十一月一日横川で行われている(『日本紀略』)。兼通追悼のことについて梵照はつぎのように記している。嫡子朝光(あきてる)は父の菩提を葬うため仏堂を草創することを良源に計り、五間四面堂一宇を造り、金色丈六観音像を安置、この堂で一周忌の法会を営んだ。続いて丈六の大日如来像を造り、のち後円融法皇の御願による金色釈迦如来、彩色の地蔵菩薩六体も安置した。この堂を釈迦堂と号したとしているので、ふつう源信の草創したといわれる霊山院(りょうせん)釈迦堂の前身であろうか。兼通の室も造仏造塔の願を発し、堂塔一処に並立するため良源は、自房定心房を一部移動して場所を提供したようである。ここに九体の像を安置、兼通の供養をしている(『拾遺伝』)。これより先、この年の八月良源の弟子暹賀が西塔の院主となり(『僧官補任』)、内外ともに良源の地位はいよいよ固まっていったのである。身辺の安定に自信を得たものか、良源はこの年、郷里の近く竹生島弁財天に書写の法華経を奉納、生地の神に鴻恩を感謝している。法会終了後参加した僧侶を船に乗せ、島のまわりをめぐって散花・讃嘆、楽人による演奏を行なっている(『拾遺伝』)。生地の恩を報ずるということはあったとしても、この法会はもう一つの意味があったようである。竹生島社は従来天台僧の力添えもあって経営されて来たが、どこの宗派に属するものでもなかった。こうした時期に天台座主直々の

横川釈迦堂

竹生島弁財天に奉賽

奉賽は重要な意味をもつ。良源を竹生島検校とするが（『竹生島縁起』）、この法会に関連するものであろう。この頃を境として竹生島は天台傘下の社となったと推測しておく。

二　慈覚派良源

地主三聖祭を行う

天元二年（九七九）四月一日、良源は延暦寺の地主三聖祭を行なった。叡山は最澄がこの山に開宗するずっと以前、すでに地主神として大山咋命（二宮権現）が祀られ、信仰の対象となっており、さらに大和の三輪明神（大宮権現）、豊前の宇佐八幡神（聖真子権現）が加わり、山王三聖とあがめられた。この地主神三聖の祭を琵琶湖岸唐崎に、廻廊二宇、雑舎四宇をもつ神殿一宇を造立して盛大に催した。宝輿一基、駕輿丁装束二十具、唐鞍などを併せ新調している。伶人二十余人を龍頭鷁首の船に乗せ、琵琶湖を富津浜から唐崎に漕ぎ出し、終日船中で歌舞を演奏した。以後三年にわたって楽所・近衛府の官人が祭使となり、良家の子弟を舞人に選ぶなどして東遊を奉納している（『拾遺伝』）。その華美な法会の有様は近年良源が行なってきたものとそう変ったものではないが、今回はやや異なった雰囲気があった。当時叡山の三塔の僧侶の総数は二千七百、良源は地主三聖のために金剛般若経（こんごうはんにゃ）を転読するに際し、全僧侶の出席を求めた。もちろん全員の出席は不可能としても、どの程度の出席者があるかが問題であった。欠席者は七百名であったという。二千七百名中七百名、四分の一弱の数で、結果論からいえばこの数の僧侶が良源の命に違犯しているということになる。

違犯者の僧籍剝奪

良源はこの違犯者七百名全員の僧籍を剝奪するという強硬処分を行なった。人々はその峻烈な措置に驚いたが、それにはつぎのような理由があったという。

違犯者処分についての説話

近江国伊香郡に石作（いしつくり）氏という老母がいて病いが重く、すでに死の床にあった。老母は三宝に祈念したところ一夜比叡山王神が僧侶の形で出現、叡山僧全員を供養すれば病は平癒すると告げた。老母の資力では三千の叡山僧を供養する資力はないと途方に暮れると、叡山僧は三千ではなく二千であるという。霊験によって病は治癒し、山僧を供養しようとしたところその数三千であった。さきの山王神が再び出現して供養の期日を指定したが、その時にこの良源の僧籍剝奪事件が起ったため、老母は二千の僧の供養を果すことができた（『大僧正伝』『日吉山王利生記』）というものである。

説話批判

良源の奇嬌ともいえる厳罰はこの老母の窮状を救うための方便であったことになる。

しかし、これは如何に山王神の計らいとはいえ作為的である。この霊験譚の経緯よりも、その背景の、叡山山内に良源の命に服さない僧侶がかなり多くいたことを読み取ることが重要である。山上・山下に示した制札、二十六ヵ条の制式など、度々の綱紀粛正は、叡山の規律がそれだけ乱れていたことになる。そうした乱れを右のような機会の際に正すことは有り得ることで、叡山僧の四分の一弱という大量の処断であったかどうかは別として、命令違犯者の厳罰は事実であろう。

東坂本附近の国役免除

八月十日より東塔檀那院で七十日間の長きにわたって如意輪法が修され、円融天皇の皇子の御誕生が祈願された（『三院記』）。いぜん叡山は皇室の繁栄を祈願しており、一面師輔の子孫の永遠の繁栄を祈願していることにもなるわけである。秘法の効果はたちまちあらわれて翌年六月一日、第一皇子懐仁親王（のちの一条天皇）が誕生する。同月二十八日、日頃の皇室との結び付きにより、東坂本と隣接する三津浜・苗鹿村の住人に国役停止の宣旨が下された。延暦寺にある代々の天皇の御願寺や堂塔の造作や修理の期間中、国が課す臨時の雑役を免除するというのである（『叡岳要記』上、文殊堂）。東坂本、すなわち叡山の東麓坂本の地は、叡山中腹に堂塔をもつ延暦寺の参詣の玄関口である。坂本港は大津を経て東国へ、また湖北を渡って北陸に通じる琵琶湖水上交通の拠点でもある。したがって食料や物資調達の集積地であり、労働力の供給地である。さらに山僧が山中の厳しい寒気や湿気を避けて一時的に休息する場所でもあった。ここに延暦寺の護法神である日吉社の本殿が置かれているのも当然のことであろう。良源の弟子梵照は、この地の国役免除についてはやや違った記憶をもっている。日吉社の社域は延暦寺の領域内である。その住民たちは日吉社ないし延暦寺に奉仕するものとして、国司の徴税権から除外されていた。しかし、天元二年（九七九）時の近江国司橘恒平の使、左衛門尉致秋は三津・坂本一帯の地域に臨時の雑役を命じた。この不法に対して良源は朝廷に奏上、平致秋の役を解任、雑役免除の綸旨を得たという（『拾遺伝』）。東坂本はともかくとして、従来から苗鹿まで国司不入の地となっていたとは考え難いので、梵照の方に記憶の誤りでもあったのであろう。ただ山中の御願寺の建立・修理に奉仕する実状を背景に、既得権をしだいに拡大したのは良源であったといえよう。

梵照の記述

東坂本村等の住人の雑役が免除されたのと時を同じくして、良源のもう一つの申請が裁可された。良源より三代前の第十五代天台座主延昌に諡号を得てその徳を称讃したい

延昌諡号をうけ慈念という

という願で、慈念の名が与えられた（『扶桑略記』『諡号纂』等）。天慶九年（九四六）から十八年間天台座主にあり、その長い期間は第五代座主円珍の二十三年についで第二位、朱雀・村上両帝の師として宮中の主要法会に奉仕した延昌であるので、諡号授与は当然であろう。良源についていえば、延昌は同門慈覚派の先輩であると共に、横川隠棲から応和の宗論というまさに生涯の最重要期の叡山総責任者でもあった。

僧正となる

この年の暮、良源は正僧正位に昇った。権官からわずか二年ののちである。年六十八歳、法臈五十二、もはや名実共に高僧となった。良源が僧正位を賜わった答礼の行列の前駈に異装の者が加わろうとした。異装とは干鮭（からざけ）（ひものの鮭）を腰にさして剣とし、牝牛にまたがるというものであった。良源の供奉僧がこれを制止してもなお行列に加わろうとし、さらに「一体誰ガコノ行列ニ加ワロウトスル私ヲ除外スルコトガデキヨウ、師ノ御房ノ御車ノ前駈ヲ勤メル者ハ私以外ニハナイノダ」（『続本朝往生伝』意訳）といったという。

増賀奇行

僧正慶賀の華麗な行列に全くの奇装で、チグハグというか、行列の先を汚されたというか、行列の側からいえば苦々しいかぎりであったろう。増賀は橘恒平の子で延喜十七年（九一七）の生れ。良源より五歳年下で叡山に上ったのは良源より三年遅れる。増賀がいつ頃から良源に師事したかははっきりしないが、良源が横川を開発し弟子をもち得る頃からのものと考えている（拙稿「増賀の多武峰隠棲前後」『日本仏教』一八）。したがって良源の高弟の一人となる。応和三年（九六三）師良源の指示に反して応和の宗論の出席を拒否、大和多武峯に移住したことはすでにふれた（七八頁）。天台摩訶止観の学匠としてすぐれ、『法華玄義抄』『瑜伽論問答』の著書もあり、多武峯に広学竪義をはじめるなど師良源の正しい継承者となっている。ところで巷間に伝わるこの増賀の行業は、世間的な名誉や栄達に背を向けた奇行僧として数々の逸話が知られている。たとえば冷泉院が護持僧に任じようとしたさい狂気の言動をして逃げ去った（『法華験記』八十二、『今昔物語集』一二—三三）。後宮の

輿に乗る良源（是害房絵詞上巻，曼殊院蔵）

貴人の出家にさいして招ぜられ、貴人・女官たちの面前で高らかに放屁してみせ、列席者を困惑赤面させている(『続本朝往生伝』『今昔物語集』一九—一八)。また、法会の説法に招かれ、道々説法の詞を思案してそのことが栄達につながることに思い到り、ついに説法を取りやめて帰るという有様(『続本朝往生伝』)であった。さらに身分の卑しい人夫の中で僧供を食して狂気したかと疑われたりする(『今昔物語集』一二—三三)。これらの説話には一貫性があり、すべて名利栄達を嫌い、権門貴人に対しことさら露悪的に振舞うというものである。師良源の慶賀の行列は、まさに権門に取り入り栄達を計った姿そのもので、仏家本来の主旨を忘れた唾棄すべきものと映ったものか。まさに師への痛烈な批判であったわけである。

ところがこれら一連の奇行説話は一番早いもの(『法華験記』)でも増賀が没した約四十年後に編纂されたもので、実伝ではないのである。ただ、そうはいっても応和の宗論という良源の出世のための一大演出劇を批判したことは事実で、両者の生き方の違いが数々の増賀奇行説話を生み、さらには良源慶賀の日の増賀異装という現実めかした説話となったと考える。良源が正僧正となった時、弟子尋禅も権少僧都から大僧都へ三階級の特進をしている（興福寺本『僧綱補任』）。そして円珍派の余慶も律師から権少僧都へと進んでいる。この余慶は禅芸の死欠により園城寺長吏となり、円珍派の中心的存在となった。

兼家との提携

兼通との接触には後手を踏んだ良源も、兼家との提携は早かった。この時点で政権は頼忠であるが、これは兼通の執念による横車で、早晩兼家の政権の誕生間違いないと読んでいたのであろう。良源は兼家に亡父師輔の意志を継ぐとして、横川に恵心院を建立させたのもこの天元二年である。かつて師輔が横川に登り大願を立てたこと、それは一家一門から后を出し、その后が皇子を生み、一族は皇室の藩屏として永遠にこれを輔佐するというものである。その大願が叶うものなら、師輔以下一族は代々慈覚大師の門流を被護するという約束のあったことも。こうして良源は兼家に慈覚大師がかつて卜定していた楞厳三昧院の南の勝地を示し、恵心の名跡をあげた。兼家は感動し、父の遺志を継ぎ「生々世々、永ク大師ノ遺弟ノ道ヲ伝エル」ことを確約、百石の米を建立の費用として喜捨、日ならずして恵心院が完成したのであった（『大僧正伝』）。

生地の大吉山寺に法会を行う

良源の計画はことごとく順調に進んでいった。その自信が母の墓参を果すこととなったのであろう。生地近江国浅井郡大吉山寺で百ヵ日の護摩法を修した。良源が一人前の

父母の墓参

細江浜で舎利会を行う

山上堂舎の整備進む

僧となったら生地で法会を催して欲しいという母の遺訓にこたえたものであった。結願の日は例によって音楽が供養され、帰途父母の墓参をした。郷里出身の叡山高僧を迎えた里人はその出世と孝養に感じぬ者はなかった。さらに同郡の琵琶湖岸細江浜に三層の草堂と数十の雑舎を作り三ヵ日の（法華）大会を修した。中日に舎利会を行なっているが、これはさきに都で評判となった舎利会を模し、郷里の人に結縁したのであろう。動員した僧侶は百余人、楽人数十人、三条大相国藤原頼忠や左右大将藤原朝光・同済時（なりとき）から布施や禄物が寄せられ、当国国司の源忠清や近隣の国司の助力もあった。翌天元三年この草堂で再び三ヵ日間の不断念仏を行い、郡中の老人を多数招き、饗応した上贈り物を添え長寿をねぎらっている（『拾遺伝』）。

これより先天元二年、山上の堂舎の整備は引き続いて行われ、西塔常行堂を改修、円仁が五台山から移したが、近年途絶えがちであった不断念仏の行事を復興、恒常のものとし、さらに宝塔・宝幢院経蔵や鐘堂を改造、また釈迦堂の礼堂（らいどう）や縁橋を造っている（『拾遺伝』）。東塔では懸案の中堂の大改造が計画されており、その拡張のため根本経蔵を移築、南岸の土を盛って北谷を埋め敷地を広げている。中堂を中心に礼堂・廻廊・中門を作るためには土地が狭すぎるためであった。さらに天元三年、円仁在住時の僧房であり、円仁将来の経典類を置いたこともある前唐院（ぜんとういん）（円珍の唐院と区別するため前が付されてよばれる）を復興、総持院根本経蔵に分置されていた円仁関係経典を再び集めてここに置いた。

前唐院を復興

だいたい前唐院にあった円仁関係経典を最澄のそれと一緒に根本経蔵に置いたり、総持院に移したりしたのは円仁の意志であった（『天台座主記』貞観六年正月十三日奏状）。良源はこの円仁の意志に反して、前唐院に集めたことになるのである。横川は円仁没後まったく荒廃、その所管が前唐院という時期があった。良源自身この前唐院の存在を重視し、その遺言で良源入滅の日首楞厳院の公印の管理を前唐院の定めにまかせることを強調している。中堂とともに焼失した前唐院を再興、円仁の意志に反してまで円仁関係経典を集めて、この院を慈覚派の象徴的場所としたのではあるまいか。

前唐院を重視

三　山上混乱

根本中堂

叡山のいわば心臓部、根本中堂は円珍の代に改造されて九間四面、東に孫庇をもつ規模となったが、良源が登山して八年目、二十四歳の承平五年（九三五）焼失した。時の天台座主は第十三代尊意であった。尊意はこれを復興したが、円珍改造の規模に及ばず、廻廊もなく、狭い庇の張り出ししかないものであった。第十八代座主に良源がつくまで四人の座主が交替したが、いずれも中堂の拡張に手をつけた者はいなかった。改装の費用も充分でなかったし、その必要もなかったのであろう。良源座主の現在は、住僧の数も増し、中堂で諸法会をとり行うのには如何にも狭かった。山上の復興に自信を得た良源は、叡山中枢部の大改造に天元元年着手、わずか三ヵ年でこれを完成するのである。十一間四面、孫庇をもち、北谷を埋めて前庭を拡張、廻廊をそなえた堂々たるものに一新

完成供養

して現われた（『九院仏閣抄』）。天元三年（九八〇）九月三日はその完成供養の当日である。叡山はもとより、奈良の名僧を招き、請僧百五十人、証誠（しょうじょう）（総括）に少僧都尋禅、左方の呪願は法務大僧都東寺の寛空、右方の呪願は同じく法務大僧都興福寺別当定照、以下東大寺・薬師寺・興福寺等他宗の僧侶は四十三人にのぼった。良源の弟子の中で、良源を

性空・増賀参列

批判して去ったらしい書写山の性空（しょうくう）や多武峯の増賀もこの大法会に梵音衆として参加している。権勢慾とも思われる良源の施策に反抗しながらも、やはり師に惹かれるものがあったのであろう。良源もまた反抗的な弟子たちを抱擁する度量があるのである。法会

園城寺長吏余慶をめぐるトラブル

円珍派

は例によって華麗なもので、供花菩薩役八人、鳥舞童六人、胡蝶舞童六人、新作舞童十六人、その他楽人多数が用意され、導師・呪願が進んで高壇に上ると、高声に音楽が奏せられ、菩薩・鳥蝶・供花の舞などが演じられ、法用の度ごとに大行道（僧侶の行列）がくり返されるという盛会であった。『堂供養』には円融天皇の行幸と関白頼忠以下公卿が多数参列したとしているが、官職等が一致せず、むしろ行幸等はなく、勅使参向程度のことであったと思われる（『建内記』嘉吉元年六月二十一日）。この法会の衲衆（職僧の一つ）第一位に園城寺の長吏余慶が選ばれているが、これについてはつぎのようなトラブルがあった。東寺や南都の諸寺の僧侶たちを招き、それぞれ役職に配しながら、地元の千光院派に属する僧侶は何故か職僧に一人も選ばれていなかったのである。これを不満として千光院派が朝廷に訴えてようやく余慶が配されたという（『堂供養』）。千光院派の長余慶は良源らの派祖円仁のいわば法弟円珍の派に属する。円仁が第三代、円珍が第五代座主、この二人が最澄没後空海の真言宗に圧倒されていた天台宗の勢力を盛り返し、いわば初期叡山の黄金時代を作った。円仁・円珍の優劣はにわかに決し難いが、あとから座主となった円珍が二十三年の長きにわたってその位にあったため、円珍の弟子たちが大いに

智証大師（円珍）
（『高僧像』乙巻，大東急記念文庫蔵）

勢力を張り、この派からの座主がひき続いた。円珍のあと第六代惟首から第八代康済までが円珍派で、ようやく第九代長意が円仁派から座主となり、第十代増命、第十一代良勇がまた円珍派からという有様であった。しかしその後は、第十二代玄鑒が円仁派から出て、良源の戒師となる第十三代尊意と続いて、以後逆転して第十八代良源まですべて円仁派となる（ふつう玄鑒・尊意を円珍派とするが、堀大慈氏の御所論により訂正）。ところで中堂供養会に何故余慶の派を選ばなかったか。恐らく山上の復興から新しい整備まで、そのほとんどが良源の一派、すなわち円仁派の自分達が行なってきたものである。円珍派の彼らは良源の指示にしたがわず、批判しかしてこなかったというものであろう。もちろん円珍派からいえば、良源の強引な自派拡張の

円仁派の示威行動

無理押にたいする批判や抵抗もあったろう。さきの地主三聖供養会のさいの多数の不参者とその処断も、一面には両派の抗争の表われということもできよう。もっともこの争いはどちらかといえば良源側が仕掛けた気配が濃厚である。さきの僧籍剝奪といい、この法会の独占がそれである。したがって良源が最も信頼する弟子たちはこぞってこの法会に参加している。静安（左方讃衆頭）・暹賀（右方讃衆頭）・聖救（呪師）らの実務派から源信（右方錫杖衆頭）・覚超（右方錫杖衆）・覚運（左方讃衆）らの学究派、さらに性空・増賀などの批判派まで加え、良源一派の一大デモンストレーションの観がある。そしてそれは良源を中心とした円仁派の山上制覇を意味していたのである。良源は文章家能登権守高階成忠（なりただ）に中堂供養願文を書かせている。作者は成忠であるが良源の意を受けていることは当然であろう。こ

慈覚大師（円仁）
（『高僧像』乙巻，大東急記念文庫蔵）

の中で承平六年の焼失から再建の経緯・規模・法会などにふれたあとつぎのような文章がある。

> 抑モ小僧ノ齢七旬ニ盈ツ、命ハ一夕ヲ期ス、先ヅ大夢ノ至ラント欲ス、宿念ノ頗階ヲ悦ブ、

この時良源六十九歳、すなわち七旬の末である。この時代七十近くまで生きることは大長命である。もう余命はあるまい。一生を大夢とすればもう夢も終りに近い。宿願もほぼ達したというべきであろう。

また折々に人にすすめて処々に法会を催させてきた。しかし近くに法会の場所があっても説法を聞きに行く者は少なく、歓楽にはいかに遠方であっても出かけて行く現状である。法会に華麗な歌舞を添える。その事はたんに近ごろ流行の考えなしの贅沢行事(無智貪道ノ新謀)ではない。事はみ仏の周囲をこれによって飾ることであり、その一部はこれによって人を仏道に導く方便なのである。遠くで聞く者、近づいてこれを見る者、また短慮でこれを誹謗する者、心からこれを讃嘆する者、所詮人は三僧祇(僧祇、ソウギ。無限の長い時間)もしないうちに仏界に一所に住むことができる(『願文集』中堂願文、取意)。

一山一草すべて仏性をもつという大乗仏教の立場としては当然であるかもしれない。歌舞による方便論は良源の持論であろう。いずれにしても宿願をほぼ果したという良源は、大満足というべきであろう。

食堂

中堂の大改造とともに、中堂の東に九間四面の食堂と七間二面の雑舎を作っている。食堂は天長年中義真の時に建立され、のち仁寿四年（八五四）十一月円仁が国清寺の風を移して天台大師供をはじめ、以後恒例とした（『慈覚大師伝』『山門堂舎記』）。しかし、承平六年中堂とともに焼失してしまっていたのを、良源が中堂の改造にあわせて再興したものであった。そして、中絶していた天台大師供に加えて、内論義も復興してここに修した（『拾遺伝』）。

文殊楼

中堂供養につづいて十月一日、中堂正面の丘の上に立つ文殊楼の法会を催した。この楼は一見中堂の楼門とも思える位置にあり、法会の期日も近いため、中堂行事と共に盛大な規模となったものと思われる。色衆二百人、公家は度者を給し、音楽や儀式はかつてないものであった。大納言兼春宮大夫藤原為光・参議兼修理大夫源惟正らの公卿が参列、法会の荘厳さに随喜の涙を流した。それもその筈で中堂・文殊楼の二会のため右衛門志秦身貴・左兵衛志大友兼時を舞の師として、良家の子弟女人を選んで唐・高麗の舞を数ヵ月にわたって練習し、坂本の弘法寺、比叡辻、東山の祇園社などで試演をくり返してきたのであった（『拾遺伝』）。もっとも参列の公卿は天元三年当時為光は按察使で春宮大夫ではなく、春宮大夫は朝光、修理大夫源惟正は官職は正しいが四月二十九日に没しており、いずれも天元三年十月一日の参列者としてふさわしくない。梵照の記憶違いであろうか。

神殿

良源はこの文殊楼のそばに神殿を建立している（『九院仏閣抄』）。護法神であろう。さきの日吉社や地主三聖を祀った唐崎の神殿など、良源は神祇信仰にもあつかったのである。さらに文殊楼の前地に常行三昧堂を建立するのは翌天元四年のことである（『九院仏閣抄』）。

明普蘇生談

『大僧正伝』はこの年（天元三年）良源の弟子明普阿闍梨が病死し、冥官に会い、再び蘇生したことを記している。明普は死後冥官に極楽往生の方法を尋ねたところ、冥官は明普の師良源が「権化ノ人」であり、師にねんごろに仕えさえすればかならず往生できると答えたという。明普は寛弘四年（一〇〇七）七十歳で没している（『楞厳院過去帳』）ので、この時四十二歳、事実なら一度死んでなお二十八年生きたことになる。ことの当否は別として、良源の死後半世紀近くに編された『大僧正伝』であるので、この頃すでに良源権化

権化説

説が流布していたことはいえよう。

良源、不動法を修す

輦車の宣旨

大僧正となる

天元四年（九八一）円融天皇はしばしば瘧病（おこり、マラリヤ）と邪気におそわれ悩まれ、種々の卜占や加持祈禱、施薬が行われたが、その験がなかった。八月十日、天台座主良源、広沢僧正寛朝・権少僧都叡山の余慶らが招ぜられ五壇法を修した。良源が不動法を、寛朝が降三世法、余慶が金剛夜叉法を修した。良源・寛朝の修法のさまは、そのまま祈禱の諸天のようであったという（『十訓抄』）。のちに寛朝自身が良源の降魔の姿を見たと語っている（『拾遺伝』）。なお軍荼利・大威徳法の修法者の名が知られていないが、恐らく良源の弟子尋禅がこのどちらかの一法を受け持った筈である。この祈禱によって円融帝の病は奇蹟的に回復した（『小記目録』二〇）。このため七十歳の良源は御祈りの賞として、宮中の出入に特別に許可されて輦車の使用（輦車の宣旨）を認められ、法服・念珠や沙金百両などを施され、度者二人を賜わっている（『小記目録』一〇。『西宮記』臨時二）。さらに三十日の僧綱召によって大僧正に任ぜられた（『僧綱補任』）。大僧正の就任は、前代奈良朝に民間布教者として著名な行基が、東大寺大仏完成の大功によって任ぜられて以来はじめてのものである。僧侶が讃えられる最高の地位である。もちろん常置のものでなくその身分にふさわしい者がいなければ欠官である。師主を失って出家もままならなかったあの小僧が五十四年ののち手にした栄誉である。もっとも円融院治病の功はひとり良源ばかりではない。寛朝も権大僧都から僧正に、余慶も権少僧都から権大僧都へ、そして良源の愛弟子尋禅も大僧都から権僧正に進んでいる（興福寺本『僧綱補任』。彰考館本では尋禅は少僧都から権僧正となるとする）。良源・寛朝・尋禅の三人が共に僧正となったが、僧正三人の例はこれをもって初めてとする（『門葉記』一三、五壇法勧賞事）。もし世間的な出世が宿願であるとすれば、良源の野望は達せられたことになろう。なお、この時法務となったとする説（『釈家初例抄』上）があるが、すでに天禄二年（九七一）この職についていると思われるので、一応誤りとしておく。

余慶、法性寺座主となる

十一月二十九日、権大僧都余慶が天台の名刹法性寺の座主に補された（『小記目録』一六、臨時六）。良源が賞されたように余慶もまた公家の大きな帰依を得ていたのである。ところがおなじ延暦寺からこの人事に反対する声があがった。慈覚大師円仁の門徒である。貞信公藤原忠平の建立した法性寺（東山区、現在の東福寺付近）は西塔院主弁日が初代座主となって以来九代まですべて慈覚大師の門流が座主を受け継いできた。いま第十代の座主

山僧強訴

に何故智証大師円珍の門徒である余慶が選ばれたのか。座主は慈覚大師派から出されるべきである。こうして同派の僧綱・阿闍梨ら主だったもの二十二人が諸院諸寺の従僧百六十余人を引き連れ、時の関白藤原頼忠の邸宅に押しかけた。いわゆる山僧の強訴で、記録にあらわれる叡山の最初の示威行動である。しかしこの要求に対する官側の返答は「九代連続して慈覚派が法性寺の座主となったのは、自然とそうなったのであり、本願の主貞信公は決して座主を特定の一門に限ったからではない。したがって改補しない。」というものであった。

乱暴僧の処罰

小ぜり合があり、関白家に乱暴を働くこととなった。乱暴僧の詮議があり、その張本人は公請（くじょう）（公の行事への参加）を停止された（『小記目録』一七、濫行事。『扶桑略記』）。また処罰は僧綱・阿闍梨二十五人の公請停止、諸寺・諸院の供僧百六十余人の解職ともいわれた（『寺門高僧記』一〇）。

余慶辞任

しかし、慈覚門徒はひるむことなく余慶の就任を実力で阻止した。結局、余慶は座主就任の式である拝堂さえできず、十二月十三日ついに辞任の書を提出した（『小記目録』一六、僧綱辞状）。

良源の紛争に対する態度

ここで不思議なのは慈覚門徒の頭領であり、かつ天台宗の総師でもある良源がこの紛争に何の施策もほどこしていないことである。あれほど秩序を強調した良源が断固たる処分も、両派の調停も行なっていないのは何故であろうか。これは考えてみれば当然のことであった。これまでの良源の行動は、慈覚派の結束と、同派による山上の制覇こそがその究極の目的であった。法性寺は山内ではない。しかし、法性寺の座主は天台座主への一つのコースであってみれば、それが可能性の問題であっても、良源―尋禅の路線に影をさすことになる。これは藤原氏にとっても師輔の意志に反することになる。表明してはいないが、良源自身余慶の法性寺座主は反対であろう。これが両派の紛争を積極的に調停せず、暴力集団を処断しない理由にもつながろう。むしろ蔭で慈覚派を煽動したのではないかとの疑いさえある。こうした状況では余慶の法性寺座主就任は不可能である。山上に留まることさえ不安であろう。余慶は叡山を見棄た。さきに余慶は北岩倉に観音院を建立していたが、ここに直接の門弟たち数百人をつれて籠った。そして同じく智証門徒の主だった者はそれぞれ山を下った。権少僧都勝算は数十人の門徒と白河の修学院へ、権律師勧修は三十余人の門徒と石蔵(いわくら)の解脱(げだつ)寺へ、穆算(もくさん)も北白河の一乗寺へと、まさに四散した。なお山上に百余人が残り、これは千手(せんじゅ)院に籠った(『四箇大寺古今伝記』延暦寺)。千手院はふつう山王院とよばれ、総持院の西方にあたり、東塔西谷の地にある。智証大師円珍の山坊、後唐院があり、智証派の根拠地である。

山上混乱

混乱はこの山上に残った千手院の智証派をめぐってさらに続き、翌五年にまでおよんだ。座主良源の命によって山上千手院の経蔵（後唐院）をはじめ北岩倉観音院、北白河の一乗寺等を焼き余慶・穆算ら五人を殺害するという風聞が流れた。天元五年（九八二）正月九

朝廷の処置

日、朝廷はこの騒動を放置できなくなり、蔵人掃部助（かもんのすけ）平恒昌を勅使として登山させ、勅命を伝えた。すなわち叡山の三綱（執行部）に無人の千手院経蔵を守護し、智証大師将来の経典類の損亡を防ぐことを命じた。また良源に風説の真偽をただした（『扶桑略記』）。慈覚派の攻撃を恐れて山上に残った智証門徒もついに千手院をあとに下山したものと思われる。勅命に対し二十一人の僧を一組として五日間山王院を守護することを報告、一方

良源の弁明

良源は自ら風説の事実無根をつぎのように弁じている。

> 伏して内典・外典を尋ねるに、放火・殺害はこれ罪の中の大罪である。仏の教えの所戒として身壊れ、命終れば必ず地獄に墜ち、多劫の長い間苦を受ける。設（たと）え死門に入るとしても、犯すべからざる悪逆の罪である。況や法性寺の事に至っては門徒が愁え申す旨は、各々身の利益・名聞のためではなく、只一門の旧跡が失墜しない

ためである。望み請う天裁、早く（虚偽を）奏聞した人を召し問われますよう。慥（たしか）にその申立が虚偽であることを弁明いたしたい。

（『扶桑略記』意訳）

殺人・放火の寃罪の弁明は当然として、慈覚派の抗議についての弁護さえしているのである。余慶辞退のあと法性寺座主は慈覚派の正算が就任、慈覚派は目的を達したのである。天元五年二月十五日円融天皇は宮中二間（ふたま）で余慶に御襲・表御袴を与えているが、これは天皇が余慶から戒を受けたことによるという（『小右記』）。また三月二十一日・五月十六日と続けて仁寿殿で不動調伏の法を余慶に行わせている（『小右記』）。余慶に対するさきの事件の慰留の意もこめられているのであろう。さらに二年後総持院の阿闍梨に智証派の勧修が補されるなど（『寺門高僧記』二）、両派の争は一応おさまったようである。しかし両派の対立は深い疵として残った。尋禅の後任をめぐって再び抗争は火をふき、山門・寺門の決定的分裂となるのである。それは良源没後のことである。

余慶慰留

天元四年、おそらく法性寺座主問題がおこる以前のことと思われるが、東塔文殊楼の前地に常行三昧堂を新造した。旧本堂を西の尾根に移して八部院堂としているほか、勅使房や政所屋・湯室なども造られている（『拾遺伝』）。新装勅使房の最初の客が詰問使平恒

常行三昧堂

昌であったとすれば皮肉なことであった。さらに叡山の南麓にある名刹、俗に志賀寺とよばれる崇福寺の復旧を朝廷から命ぜられるや、弟子安真を私設造寺別当に任じてこれに専心させ、ついにこれを完成する（『拾遺伝』）。安真はこの功によって永延二年（九八八）権律師に任じられる（興福寺本『僧綱補任』）。

加賀内侍の治病談

この頃のことであろうか。摂津守藤原方隆（まさたか）の母は加賀内侍といわれ朱雀帝の乳母であった。病を得て数月、あらゆる手だてを尽したが治癒しなかった。内侍の夫備後守棟利（とうり）は良源に前々から帰依していたので妻の祈禱を依頼した。東坂本にある良源の里房弘法寺（ぐぼうじ）で不動調伏の法が行われ、修法の最中にその難病は治癒したという。その後半年、再発し、水物もうけつけない衰弱となった。消息によってこれを知った良源は鉢に入れた食物をとどけ、それを食した病人は快癒した。良源の送る鉢飯は薬の効果を発揮し、多くの人々を救ったという（『拾遺伝』）。

尊子内親王の出家

天元五年四月八日冷泉天皇第二皇女で、承香殿（そきようでん）の女御（円融帝女御）尊子（そんし）内親王が十七歳の若さで突然出家した。邪気のせいとも、年来の本意ともいわれた。人に知らせず、ひそかに自ら髪を切り落されたという（『小右記』天元五年四月九日）。のちに良源が戒師となって正式な出家が行われたらしいが、正確な年次は不明である（『本朝文粋』一四）。ちなみに『三宝絵(さんぼうえ)』はこの内親王の道心をすすめるために永観二年（九八四）源為憲(ためのり)が書いたものである。

『三宝絵』

円融寺

天元六年三月二十二日円融天皇の御願により円融寺が建立され、宮中御斎会なみの供養法会が行われた。行事（式の指揮者）は大納言源重信、参議大江斉光の作った願文を能筆藤原佐理(すけまさ)が清書した。大僧正良源が講師に、権僧正尋禅が呪願となり、行幸も予定されていたが、これは物忌のため中止となった（『日本紀略』）。時の人は師弟共に僧正職（大・権）という最高の位置に上り、しかも二人ながら法会に出席するという希代の出来事に感嘆したという。この賞によって度者二十を賜わったが、そのなかに妙源や妙真がいた（『拾遺伝』）。

薬師堂と恵心院

この年良源の勧誘により兼家が後援して完成した横川の二堂の落慶供養が行われている。一つは薬師堂（十月二十五日）、一つは恵心院（十一月二十七日）である。恵心院の供養には良源自ら出席、例によって音楽供養があった（『日本紀略』）。なおこの法会は智証派の余慶が導師を勤めており（『叡岳要記』下）、両派の争は表面的には完全におさまったようである。ちなみに『往生要集』を著わした良源の弟子源信はこの院に居住したことから恵心僧都とよばれる。この頃その『往生要集』は構想がととのったと思われる。

第七　良源の死

一　寂

天元六年は三月に改元の儀があり永観となった。この前後良源は病い勝となったようで七十二歳の高齢に、大夢の終りに近づいたことを悟ったようである。良源は若き日東密の高僧淳祐に師事したが、その折淳祐門下の元杲と親しくなり、以来心の友と信頼しあう仲となっていた。七月十六日、東寺にいるこの元杲に「金剛界念誦賦」を贈って心境を吐露している。賦の前につけられた小序はおおよそつぎのようなものである。

元杲に「金剛界念誦賦」を送る

序文

昔日壮齢ノ時（四十代）ヨリ、白月（月の前半）ニハ胎蔵界、黒月ニハ金剛界ニ、手ヅカラ華香ヲ供ス、老病以来、自ラ修スルニ堪ヘズ、同伴ニ供セシム、永観元年七月十六日、法ヲ作スルニ人ナシ、事止ムルヲエズ、ナマジイニ以テ進修ス、是レ身病ノ痊ルニ非ズ、常勤ノ欠カザラシメンガタメナリ、コヽニ壇ニ向フニ感相催ス、珠

ヲ転ジ涙数(しばしば)下ル、仏唯照ラシタマヘ、人誰カ知ラン、今中心ヲ賦シ、同志ニコレヲ呈ス、

この小序に続く賦は、円鏡・平等・観察・成事のいわゆる四智八字を韻として三百六十余字、金剛界の功徳を讃えている。この中でも「吠嗟(あゝ)老樹将(まさ)ニ枯トス、病根抜キ叵(かた)シ」とか「方今年八旬ニ向ヒ、意万事ニ嬾(う)ム、余命幾(いくばく)ノ寒温ヲ忍ビ、残喘(ぜい)(余命)永ク名利ヲ忘ル」などとある。そして「唯願ウ金剛手(こんごうしゅ)、念念ノ加持」等によって「我レヲシテ当来ノ世ニ、常ニ普賢菩薩ニ遇ヒ、我レヲシテ順次生(次第に生れ変って)シテ、必ズ妙記ヲ得シメヨ」としている(『天台霞標』二—三)。

宿願を果した高僧の心境としてはいささか寂しげな感じである。それはやはりさきの山上での僧侶の紛争にかかわりがあるといえよう。朝廷から詰問使が遣されたことからもうかがえるように、両派衝突の責任は良源にあるという非難が出るのは当然であろう。しかし、このことは良源にとってまったく心外であり、不当であったろう。彼が全力をあげて挑んだのは腐敗した叡山を再生させることであった。それは長い間主要な位置にあった智証派に替って慈覚派の自分たちがなさねばならなかった。それを人は名利を追

った行動といい、手塩にかけた自派の弟子たちのなかにもこれを批判する者がいる。自分の意図を誤解し暴走して制止もきかない。永く続けてきたこの仏事さえ絶えようとしている。いま自分は老いて病んだ身をおして仏前に香花を供えている。友元杲よ、この真実をみ仏だけは照覧してくれるだろうか。仏前で流した涙をこのように解するのは立ち入り過ぎようか。

兼家一門の繁栄を祈願

永観二年右大臣兼家は五十六歳となった。娘詮子が出産した円融天皇の皇子懐仁（かねひと）親王

兼家・懐仁親王略系図

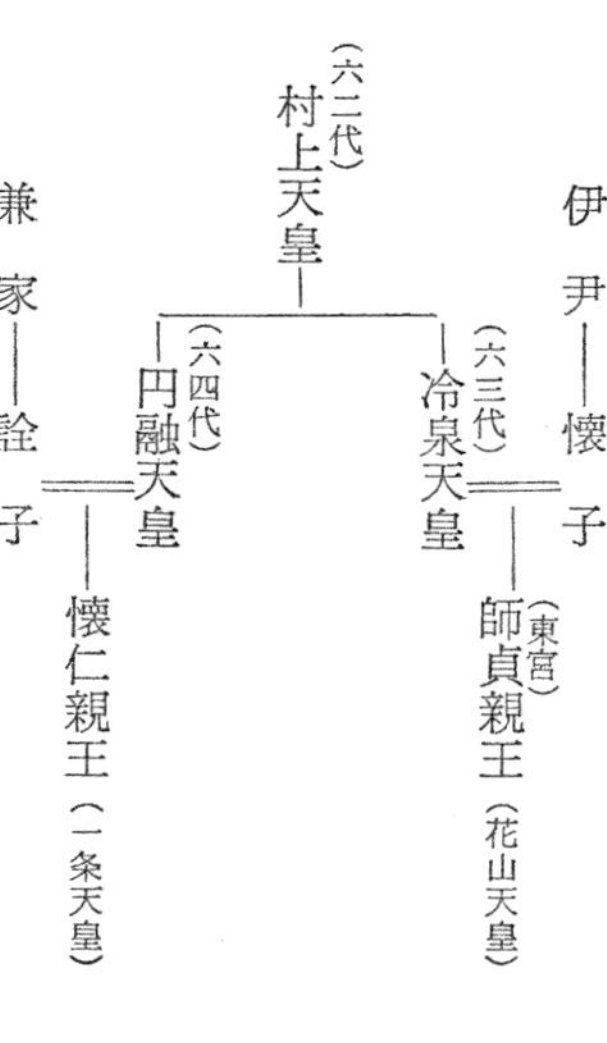

本尊曼荼羅の所在を指示する

西塔宝幢修理の奇談

は五歳である。現在の東宮は先帝の皇子師貞親王でこの親王が帝位につきさえすれば、懐仁親王の立太子、外祖父兼家の政権獲得は目前となる。日頃崇信する良源に現状好転の祈禱を依頼し、祈禱は如意輪法、山科花山にある良源の居所妙業房で、詮子・親王列席のもとに行われることとなった。勅命・暹賀両阿闍梨が護摩師となり、各護摩壇に曼荼羅が懸られたが、かんじんの中壇の本尊が見えなかった。良源は房の責任者静安阿闍梨に祖師遍照僧正の経蔵にある由を告げ捜させたが発見できなかった。夜になって再度捜した結果厨子上にこれを見出した。静安以下常住の役僧たちははじめて見るもので、良源の指示の的確さに弟子僧たちは恐喜相半ばした。こうして兼家の一行は無事に祈禱をすますことができた(『拾遺伝』)。霊験あってかこの年八月円融天皇は退位され、師貞親王が即位(花山天皇)、懐仁親王が東宮となった。ついでにいえば、これより三年後、花山天皇は兼家の策謀によって退位、出家されるが、その舞台となったのがほかならぬこの妙業房、ふつう元慶寺とよばれるこの所である。

この年良源が関係したもう一つの奇瑞が伝えられている。山上、西塔の中心宝幢の改造を企画、その工事をはじめたが、宝鐸の露盤に使用する黄金三十二両が不足した。良源が仏力の加護を祈願すると、これに符合するかのように奥州の国司藤原為長が手紙を寄せ黄金三十二両を送ってきた。手紙によれば奥州の国分寺の金泥大般若経を奪った賊が経を焼却して金を得ようとして発覚、捕えられた。その金を仏事用にするため遙々と送ってきたというしだいであった。一山の僧はその奇瑞に驚いたという（『大僧正伝』）。ただ、良源のこの宝幢改修については他に確認する資料はないようである。

弘法寺に居を移す

この年の暮、山上から坂本弘法寺に居を移した。風痺の痛みはげしく、厳冬の山上に病身を置くことを心配した弟子たちの配慮であろう。寺印・鍵等を山上の尋禅らに送り実質的な隠退となった。

入滅

永観三年（九八五）正月一日死期はせまった。涕泣する弟子たちに「生者必滅之理」を説いてさとし、三日の明け方、西に向い合掌、口に弥陀の名号を念じ、心に実相を観じて入滅した。

奇瑞

その時近習の童子は禅房の東庭の橘の木の上に紫雲が天に昇るのを見た。遺体のそばの弟子たちは悲泣して童子の言葉に見向きもしなかった。しかし、同日同時刻、北山の鞍馬寺から叡山の上に、上が広く、下が狭い形の、雲とも煙とも見えないものが、立ち昇っているのを目撃した者がいた。それは伝え聞いている開祖伝教大師の入滅そのままであったという（『大僧正伝』）。

訃報宮中へ

良源死去の報が宮中にとどいたのは翌日の夜であった。兼家の二男左少弁道兼が内裏で宿直している蔵人頭小野宮実資（さねすけ）のもとに知らせている。おそらく第一報は兼家の許にとどけられ、兼家→道兼→実資という経路をとったものであろう。一条天皇がこの夜のうちに良源の訃報を聞かれたかどうかわからない。実資はつぎのように日記に書いている。

四日、己酉、参殿、次デ参内、（中略）今夜候宿ス、左少弁道兼云ハク、昨日天台座主大僧正良源遷化スト、シカジカ。（『小右記』）

墓所

年七十四歳、法臈五十八年、苦闘の生涯というべきか、快心の一生というべきか、それは評すべき人の立場によろう。遺骸は、さきの遺言にしたがい、横川の旧房定心房の北、華芳ヶ尾に埋葬され、石の塔婆が建てられた。現存する良源の石塔婆は、四角柱の四隅を広く面取りした八角柱状の塔身に、饅頭形の石を重ねて笠の宝珠としたもので、景山春樹博士によれば良源埋葬当時のものと考えられている（『史蹟論攷』三三〇頁）。忌日は正月三日、いわゆる元三（がんさん）であるため、のち元三大師と通称され、墓所は御廟（みみょう）とよばれ、尊崇される。御廟の僧正ともいわれる。

手記発見

良源の没後、経蔵（横川か）から一巻の書が発見された。それは天暦三年（九四九）八月、第一の被護者藤原忠平を失い、その追善のために横川に籠居した良源三十八歳の時に書かれたものであった。その中にはつぎのようにあった（意訳）。

手記

いまから十二―三年前、わずかに菩提心を発し、名利を逃れるために南山（無動寺）の奥、幽谷のそのまた奥に隠棲しようとした。しかし、年老いた母が存命であり、その母を喜ばせることができないため、やむなく里近い生活をしてきた。習学未熟の頃は宗論の場に出て相手を屈伏させるため論争し、無用の罪過を重ねた。修行の年月を積み、そうして得た結果は、外見は名聞を求めて

良源の墓（サンケイ新聞社撮影）

いるように見えるが、心の内ではそれが正しい法を弘める手段であることを深く知っている。願わくば十方の諸仏よこの愚頓者を守り、一切の聖衆よ、この唖し羊のような僧を加持し給え。我れと論義を争ったものは怒りの罪を離れ、たとえ自分が逆境に落ようとも、他人をしてそこに落さないように。我が問答を聞いた者は、菩薩心を発し、共に仏種を植え、またその他の人々も我が願にしたがって妙果を得るように。

（『大僧正伝』）

僧綱の最高位を得、山上を壮麗に飾り、権門と結んだ良源が、常々仏道修行の徒は無為に日を送ってはならない。公の法会や仏事において名誉を求めるな、先ず他人を先に己を後とせよと教えていた。その言動の不一致に心からは服してはいなかったが、この良源の手記の発見により弟子たちは今さらながら驚き、かつ悔んだのだった。

兼家ら追善法会

良源の最大の後援者右大臣兼家は白衣弟子と称し、七日七日や一周忌の法会を盛大に行なった。二月二十七日、尋禅は良源の遺志にしたがい、第十九代天台座主となり叡山を統率した。藤原氏はその徳を慕い、正月三日毎年の遠忌にはかならず八講が行われ、捧物がなされ僧供が供された。これを後世元三会という。

没後二年、寛和三年（九八七）二月十六日、一条天皇は天台座主尋禅の申請に応じて良源に「慈慧（じえ）」の諡号を贈っている。その勅書のなかで「朕誕育ノ初ヨリ、ソノ護持ノ慈厚シ」と功績を讃えている（『諡号纂』）。この諡号について「慈慧」「慈恵」と両様に書く。このいずれが正しいかは、寛和三年の一条天皇の勅書にどちらの文字が書かれていたかによろう。しかしこの原本が現存しないいま、しかも慧と恵の文字が意味上共通しているということもあり判断に苦しむところである。ただ、良源の死を日記に書き記した小野宮実資はこの諡号についても、

十六日、己酉、（中略）故大僧正良源又諡号ヲ給ハル、其名慈慧トシカジカ、使ハ少納言元忠トシカジカ、（『小右記』）

として「慈慧」と書いているらしい。らしいというのは実資の日記の原本も又現存しないからである。『小右記』の現存最古の鎌倉期写本である九条家旧蔵本（現宮内庁書陵部蔵）によれば、ここには「慈慧」となっている。これにしたがって一応「慈慧」を正しいとしておくが、通念上、「慈恵」の使用も許されてよいのではないだろうか。

慈慧の諡号を贈らる

慈慧と慈恵

諡号宣下の同日、兼家の亡妻時姫（ときひめ）が一条天皇の外祖母の故をもって正一位が贈られて

いるが、藤原氏に功績のあった良源もこれに併せて宣下されたものであろう。同月二十九日尋禅以下良源門徒の僧綱・阿闍梨がそろって参内、陣の座外で諡号の賀表をささげて答礼している（『小右記』）。門徒三千というのはいささかオーバーとしても、その門徒から多くの名僧たちが現われたことは事実である。良源の晩年の弟子梵照は、良源没後半世紀にちかく、その著名な弟子と孫弟子をつぎのようにあげている。

尋禅ら諡号宣下に答礼

弟子と孫弟子

ソレイワユル師跡トハコレ経蔵ナリ、ソノ司ノウチ綱維ニ昇ル者ハ、座主権僧正諡慈忍（尋禅）、座主権僧正暹賀、座主大僧正覚慶、大僧正明豪、座主権僧正明救、座主僧正院源、贈僧正覚運、大僧都聖救・実因・審（厳）久、少僧都源信・覚超、法眼源賢、律師慶誉・静安・真恵・安真、法橋覚空・頼命等コレナリ、マタ孫弟（子）トシテ蔵司ニ任ズル者ハ、権僧正尋（円）・尋光、大僧都隆（円）、少僧都尋空・懐寿・実誓・如源・教円、律師成秀・源心等ナリ、コレ顕密ノ道祖、伝燈ノ師範タルノミ、このほかに書写山の性空、多武峯の増賀も入れるべきであろう。

二　著作の周辺

良源の著作として知られているのは、

九品往生義　　九品註釈
被接義私記　　註本覚讃
顕法華義　　御遺告
指要記　　決疑集
止観微旨
名別義通私記　　仏土義私記
三観義私記　　五味義私記
七聖義私記　　寿命経疏

などである（『天台霞標』一―四）。このうち「御遺告」は良源自筆のものが廬山寺に蔵されていて確実なものであるが、『九品往生義』を真撰とするくらいでほかのほとんどは確証がない。ただ良源の思想史的位置からいえば、叡山のなかで本覚思想と浄土思想の二つが特徴的である。

本覚思想

天台本覚思想とは「天台法華の教理を根幹としつつ、華厳・密教・禅などの代表的な大乗仏教思想を摂取し、それらを素材として絶対的一元論の哲学」といわれ、禅・念仏および日蓮の鎌倉新仏教の諸宗や、神本仏迹の神道理論もこの思想に由来するといわれている。『大乗起信論』など関係経典に「本覚」という用語がしばしば見えるところから本覚論ないし本覚思想といわれる。日本天台における本覚思想の系譜を図式化すれば、開祖最澄の説のなかにはわずかに萌芽が見えるだけで、円仁・円珍に続いて台密を完成させた五大院安然にいたってはじめて明確な形をあらわす。そしてその後の良源に『註本覚讃』の著作があり、良源の二人の弟子源信・覚運が各々恵心院流（本門）・檀那院流（迹門）の祖と仰がれ、やがて中古天台の思想として院政期に完成するという風に説かれてきた。

『註本覚讃』

しかし『註本覚讃』は本覚讃——蓮華三昧経の巻頭の偈頌——の註を和讃の形でふしたもので、一念ないし己心を強調しているが、内容的には良源時点のものではなく、平安時代末期か、鎌倉初期の成立と考えられるようになっている。また源信・覚運が恵心・檀那両流の祖といわれるが、この二人が本覚論について現実に教義理解を異にしていたわけではなく、後代その法脈を遡るとこの二人に行きつくという程度のことである。したがって良源の時代において本覚思想はしだいに中古天台の完成に向って漸進したことは推測されても、良源自身の本覚思想をうかがうことはできない（本覚論については田村芳朗氏『天台本覚論』などに負うところが大きい）。

浄土思想

平安期の天台宗のもう一つの思想動向である浄土思想と良源の位置について考えてみよう。開祖最澄が定めた四種三昧（ししゅざんまい）の修行のうち、常行（じょうぎょう）三昧が浄土の教主阿弥陀仏にかかわるため、これまた開宗当時から内在していたものである。これを明確な意識でとりあげたのは良源が流祖と仰いだ円仁で、叡山山上にはじめて常行三昧堂を建立、また唐五台山の音声（いんじょう）念仏を移植し、不断念仏をはじめた。九世紀中頃のことである。これを契機として社会情勢も加わり、浄土思想は僧侶・貴族の間に急速にひろがり出したのである。天台宗の僧侶として著名なのは円仁の弟子相応、第十代座主増命、第十五代座主延昌などの往生業がある。良源が座主に就任した頃は常行三昧業全盛の観があり、最澄が定めた籠山十二年中に四種三昧を修することは事実上空文化し、「当今修スルトコロ、只常行三昧ナリ」（『二十六ヵ条制式』一二条）と良源自身のべている。こうしたなかで『極楽浄土九

『九品往生義』

品往生義』(九品往生義)を著わしている。浄土三部経のうち『観無量寿経』の説く九品往生を解釈したもので、その立場は天台大師智顗作と伝える『観経疏』によると共に、南都の浄土教学、すなわち三論の学匠智光の『四十八願釈』と、新羅の影響下にある東大寺華厳の二流をも参照、いわばこの時点での正統な保守的浄土教理論の綜合ということになろう。だからこの時期で新説・異端と思われた善導の教義は採用されていない。したがってその立場は一種の権威主義だとの指摘もある(石田瑞麿博士『源信』)。この書は天徳元年以後、藤原師輔の下命によって作られたものであるとさきに推定した(五四頁)。

『往生要集』と『九品往生義』

ところで良源の弟子源信は、師の死去の年に『往生要集』を完成した。以後の浄土信仰はこの書に大きな影響を受けることになる。いわば『九品往生義』を高度な浄土概説書とすれば、『往生要集』は念仏の実践書であって、両書は厳密にいえば異質のものである。引用書も、論述も大きく異なっている。そして源信は師の『九品往生義』にふれていないばかりか、師の死にも何ら言及していないのである。『往生要集』の序文のなかにでも、師を悼む言葉の一端を加えておいて当然ではないだろうか。そのことで『往生要集』の成立を別の年次とする考え方もあったが、良源と源信の生き方の違いとする

良源と源信

考え方が主流となって肯定されている。権門によしみを通じ、壮大な堂舎を作り、華美な法会を行なった師良源にたいし、僧官の昇進に意をつくさず、弟子から贈官されて権少僧都となる有様で横川に籠り、述作に没頭する源信とでは全く相反するという。源信は師を黙殺したことになるのであろうか。良源は弟子の批難や批判を容認している気配がある。増賀や性空らの、横川を去って良源とは別な宗教活動を行なっている弟子たちをも、山上の大法会に招いたりしている（天元三年中堂供養会）。増賀は弟子相助を多武峯から横川に送ったりもしている。良源は弟子たちの批判を容認し、弟子もまた批判しながらも、師は師であったのであろう。良源は遺言でもふれているが、死は人間社会において特別なことではないとしている。誰もが迎えるもので葬儀も盛大に行う必要がないと考えているほどである。源信にとって自著とはいえ、浄土を願うすべての人の実践書である書に、個人的な哀悼は師の教えからしても意味のないことであったろう。『往生要集』に師への惜別がないことは右のことで納得できるとして、師の著作『九品往生義』を無視しているのはいかなることであろうか。良源が仰を奉じて『九品往生義』を編したことになっているが、それは名目上のことであって、現実には良源門下の弟子たちの

『九品往生義』編纂経緯

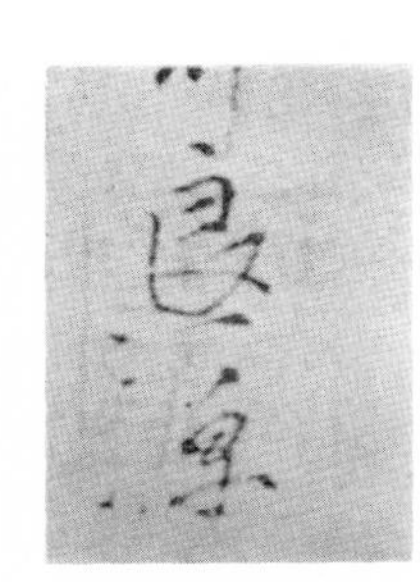
良源の自署（「延暦寺楞厳三昧院解」部分）

作ではないだろうか。源信は無理としても上席の弟子たちが良源の命を受けて編纂し、良源の名のもとに奉呈した。源信はこの作業に従事しないまでも、その事情を知っていた。したがって、『九品往生義』を師作とはせず、直接には自著とはかかわらないこともあって、これにふれなかったと推測したい。このように考えてくると、教理関係の良源の著作はほとんど無いことになる。どちらかといえば対人関係の折衝や寺院の経営に才能を発揮した良源に、思索や細密な作業を必要とする述作の業績を期待するのが無理であろう。

こうして、良源の思考を知るナマの資料は、わずかに、

御遺告（国宝。指定名、慈恵大師自筆遺告）

二十六ヵ条制式（重要文化財。指定名、慈恵大師二十六箇条起請）

金剛界念誦賦

ということになる。このうち「御遺告」は良源自筆、「制式」は良源自署のある原本で共に京都廬山寺に蔵されている。このほか天禄三年（九七二）横川が叡山の中で東塔・西塔

に続いて第三の区画として承認されたことを示す文書「延暦寺楞厳三昧院解」(延暦寺蔵)や天延二年(九七四)「沙弥成典戒牒」(青蓮院蔵)に良源の自署がある。

手鑑

ついでに手鑑中に慈恵大師筆蹟と伝えられるものが見えるので、これについてふれておこう。たとえば、

法華経法師品断簡『国宝大手鑑』下一四三(近衛家陽明文庫蔵)

華厳経行願品断簡『藻塩草』裏五八(京都国立博物館保管)

などが著名である。いずれも「横川切(よかわぎれ)」「山上切(さんじょうぎれ)」とよばれ、伝称で良源とする。紺紙金泥の写経であるが、高麗(こうらい)写経と判断されており良源とは無関係である。横川にあった経の断簡に、いつのまにか良源の名が冠されたものであろう。

和歌二首

良源の和歌として知られるものに勅撰集に入集している二つの歌がある。

天台大師の忌日によみ侍りける　大僧正慈恵

そのかみのいもひの庭に余れりし　草の莚(むしろ)も今日や布(し)く覧

(『続後撰和歌集』五七六番。なお『袋草紙』上はこの歌の「いもひ」を雲井とし、「右樹下集、天台大師御忌日ニ詠之、千僧睠(よう)一之意也」と註している。)

念珠もとめ失ひて、あしたに袈裟にまつはりて
有りけるをみて　　　　　慈恵大僧正
夢さめて衣のうらをけさみれは　玉かけなから迷ひぬる哉
（『続古今和歌集』八二五番）

この二首の歌は信用できるとしても、否定の意味での不（ざる）と猿をかけて詠んだ七首の和歌を「七猿和歌」と称して良源作とするのがあるが、これは信じ難い。参考までに二首あげておく。

ツクヅクトウキヨノナカヲオモフニハ　マジラザルコソマサルナリケリ
ミキカデモイハデモカナハザルモノヲ　ウキヨノナカニマジルナラヒハ
（『天台霞標』四─三）

「日吉神社七社祭礼船謡」という七十首の和歌も（『天台霞標』三─三）同様信じ難い。つぎに良源生前の言葉として伝えられるものがあるが、これも何等根拠のあるものではない。参考のためにつぎつぎに掲げておくこととする。

覚超が若年の時に師良源から聞いた言葉として、

凡ソ我ガ山ノ僧侶、初メ顕教ヲ学ブト雖ド、必ズ秘教ヲ学ブ、汝真言ノ教ヲ軽ンズルナカレ、今従リ漸々練習セヨシカジカ、

（『明匠略伝』下、覚超）

また、

早ク下界ノ五濁ノ水ヲ離レ、速カニ上界三銖衣ヲ重ネヨ、
トリノネモシヌルトキニハカナシトヤ　サナキユヱシト人ニ□(トイ)ハナム

（同　前）

常々口にしていた言葉として、

少病少悩ニシテ、兼ネテ死期ヲ知リ
臨終正念ニシテ、善知識ヲ得
一心ニ仏ヲ念ジテ、十念成就シ
無始ノ罪障、念々ニ消滅シ
弥陀・観音来迎引接シ
決定シテ極楽世界ニ往生シテ

妙法ヲ聴聞シテ、无生忍ヲ得
十方世界ノ、衆生ヲ利益シ
自他同ジク、無上菩提ヲ証セン

（『元三大師利生記』）

辞世の偈

辞世の偈といわれるものは、
身ハ病牀ニ在リテ、心ハ如ニ在リ
世ニ遺恨無ク、室ニ儲ケ無シ
既ニ知ル、此ノ界ノ因縁尽ルコトヲ
唯西方ヲ念ジテ、余ヲ念ゼズ

（同　前）

この辞世の偈は『慈慧大僧正伝』には収められていない。

夢中の詩

大江匡房の談話を筆録した『江談抄』第四の中に、大江斉光が死んだ後、良源の夢に斉光が現われ「機縁更ニ尽キ、今帰リ去ントス。七十三年世間ニ在リ」という詩をよんだという。ただしこれは逆で、良源が永観三年正月三日に没し、その後夜（午前四時頃）、斉光の夢の中に良源が現われ「七十三年人間ニ在リ。化縁已ニ尽キテ本土ニ還ル」とよんだということ(『天台霞標』三ー二)の方が前後関係は正しい。しかし、この確証もない。

三　追慕――伝記編纂と大師号

良源以後の座主

良源没して半世紀近くの歳月が流れた。この間山上では九人の座主が良源のあとを受け継いだ。第十九代尋禅が良源の敷いた路線にのり、つぎの第二十代座主に智証派の余慶が指名されたが、山上を守る慈覚派良源の弟子たちの結束は固く、寺務もとれないままに余慶は三ヵ月で辞任、これを契機に天台宗は山門・寺門に完全に分立する。両派の衝突もあってか、第二十一代座主は慈覚派でも良源の系列ではない陽生が就任、このほか第二十四代座主が別系であるほか、第二十二代暹賀以下、覚慶・明救・院源はすべて良源の直弟子であった。この頃になると良源の弟子も死去し、残り少なくなった。良源から数えて十人目、第二十七代座主慶命は遍斅僧都を師主とし、また円仁ー志全ー賀秀ー慶命という法脈で、良源とはやや法系を異にする。貞元二年(九七七)十二歳で受戒、

慶命

遍斅の室に入った。時に天台座主は六十六歳の良源で、慶命が僧侶として良源を知って

いるのはこののち九年間である。「予ワズカニ世々ノ最末ニ遇ウ」と自ら語っている。長元元年（一〇二八）六月天台座主となり、三年目の長元三年九月八日、良源没して四十五年、良源の霊を供養、嘆徳文を捧げている。「国之師、仏家之棟梁、法侶之賢哲」とし、「釈迦如来之重出、慈覚大師之再誕」と讃えている（『拾遺伝』）。良源の功績を高く評価し、後輩の天台座主として良源の加護を期待したものである。文中に「徳行ヲ陳ベント欲スルモ、短毫イトマアラズ」「師迹ヲ山上ニ訪フモ、聞クニ是レ人ナシ」と見える。この時点では良源の直弟子として名のある僧は権少僧都覚超・阿闍梨梵照がわずかに知られるだけである。もちろん梵照クラス以下の無名の僧侶は若干は残っていたであろう。慶命の良源追悼が機縁となって、叡山として正式な良源伝記が、これら残った弟子たちの伝聞をもとに編されることになったと思われる。これが長元四年九月十九日に完成した『慈慧大僧正伝』である。その文末に近く「遺弟会議シテ彼ノ行跡ヲ勒ス、今予潤色スルコト以（ゆえ）アルヲ知ル」とあって、遺弟らが合議して編したものを一人の人物がまとめあげたことになろう。三善為康の編した『後拾遺往生伝』中巻冒頭は良源伝で、両文対比するとその資料は『慈慧大僧正伝』であることは明らかで、その最末尾はつぎのようになっている。

凡和尚徳行、万而記一、于時長元四年九月十二日、民部卿斉信記略之、

また『山門堂舎記』は『慈慧大僧正伝』の末の部分にある讃を引用し、大納言斉信卿記としている。こうしてみると伝の潤色者は、太政大臣藤原為光の子で、当時四納言の一人と称された才人斉信六十五歳ということになる。日付の違いが気になるが、斉信脱稿は九月十二日で、叡山では斉信の名を削り同月十九日に公表したと考えておく。

編者藤原斉信

この『慈慧大僧正伝』があまりにも簡略になってしまったのに不満をもった遺弟の一人梵照阿闍梨が、私的に良源伝を編した。『慈恵大僧正拾遺伝』で、正伝完成ののちわずか四ヵ月後の長元五年正月のことであった。梵照はこの年の五月に七十歳で没したので、その伝は叡山内でも知る人は少なかった。部分的には鎌倉時代の編著『阿娑縛抄』『門葉記』さらには『天台座主記』などに引用されているし、この書を捜し求めた僧侶もいたが、室町時代に良源伝を編した蘭坡景茝の目にはふれなかった。昭和の今日、その伝写本が東寺宝菩提院から櫛田良洪博士の手によって発見紹介されたのであった。

梵照の私伝

ところで良源はふつう慈慧大師（慈恵大師）とか元三大師といわれる。大師は称号であ

大師号

って朝廷から与えられるもので、宣旨による。最澄の伝教大師、空海の弘法大師、円仁の慈覚大師、円珍の智証大師、これらはすべてそうである。良源は永延元年（九八七）慈慧の諡号を得たが大師の号は付されていない。したがって良源に対するものは私称の大師である。大師号の宣下はないが、宣下をうけた高僧と同等か、あるいはそれに準ずるものとして、私に大師の称を付してよぶ例は良源が特例ではない。たとえば円仁の弟子で最澄・円仁の大師号獲得に奔走した相応は建立大師、良源の法系の先輩恵亮は大楽大師、最澄を助け叡山に戒壇建立を果した光定は別当大師、それに義真の修禅大師、円澄の寂光大師などは天台宗における私称である。

私称大師の例

良源が慈慧大師と尊称された最初は長元三年の慶命の嘆徳文で、慈覚大師の再生としてこれを讃えたのである。座主慶命が行なった山内での私的法会であったこともあり、追慕のあまり私称したものであろう。翌年編された最初の良源伝である『慈慧大僧正伝』はさすがに大師とはしていない。梵照の記も引用している慶命の嘆徳文以外は大師とはしていない。このあと大江匡房（一〇四一―一一一一）の作として「祭慈恵大師尊霊祭文」（『朝野群載』巻三、文筆下、祭文）と「慈恵大師讃」（『本朝文集』五一―一三）が知られている。ともに

慈慧大師の呼称
慶命の追慕

大江匡房の文

標題中に「慈恵大師」とあるが、文中は前者が「大僧正慈恵和尚」、後者が「和尚」となっていて、かならずしもはっきりしない（標題は後補の可能性もあるので）。これと同様、本文中に「慈恵僧正」と見え、目次および最末の人名列記の箇所に「慈恵大師」となって

『打聞集』の記述

いるものに『打聞集』がある。ただこの方は長承三年（一一三四）の年記がある写本があって、この時慈恵大師とよばれていたことは確実である。叡山僧の説法資料といわれている。

また良源追慕の法会に使われるものに「慈恵大師講式」があり、古くは源信や覚超の作と伝えるものがあるが、現存最古のもので慈円の草したものが知られ、源信らの作といわれるものは鎌倉期に下るようである。こうして見てくると、慈恵大師の尊称は叡山の山内からしだいに一般にひろがっていったものと推測されよう。『日本紀略』には、

『日本紀略』の記述

（永延元年二月）十六日己酉。定故天台座主大僧正良源慈恵大師之号。

とあって、一見この年に大師号の宣下があったように記すが、恐らく『日本紀略』編纂当時にはすでに編者を誤認させるほど慈恵大師の称が一般化していたのであろう。ただ『紀略』の成立年次は明らかではない。また『紀略』の本文校定にも問題があるかもしれない。

真言宗の批難

この良源の大師号について真言宗側から非難が発せられた。これは真言宗で益信に大師号を得ようとした時、天台宗がこれを制止したため反発したものであった。「山徒頻リニ慈恵大師ヲ号ス、妄語ノ至リ何事ニシカズ」とし、良源は真言宗の淳祐内供に教えを乞い、浅略を許され深奥を授けられておらず、また魔道諂詐の果報を受け智弁僧正（余慶）に降伏した者である。「慈恵」の諡号を許されただけでも過分であるのに、大師の勅号は「サラニ涯分ノ境ニ非ズ」（『諡号雑記』慈恵諡号事）としている。

天皇の尊称

これに対して後嵯峨・後宇多両帝作の「慈恵大師講式」があり、「慈恵大師宝前」とか「南無帰命頂礼慈恵大師」と天皇自らのべられ（いずれも原本は存せず、両帝作の確証もない）、また明和六年（一七六九）良源八百年の遠忌に光格天皇から「慈恵大師」の宸翰を四季講堂と寛永寺に賜っている事実をあげて反証する説もある。大師号は勅許であるが、右のように勅許に相当する扱を現実に受けているというのである。しかし、いかに天皇がその文字を書いているからといって、大師号宣下のないものは称号としての大師とは認め難い。

『両大師伝記』の記述

ただ『両大師伝記』（慈眼大師項）につぎのような文がある。

大師の号は勅許なきを、山門に押て大師と称すといへる者あり、縦一宗一山、我意にまかせ、称するとも、いかでか其徳なき人、こゝらの人、うけひけんや、上一人をはじめ、宸筆をそめられ、大師と称し給ひ、下万民に至るまで、称し奉る事、数百年にをよべり、唐諸宗の祖師達にも、勅号にあらざれども、其徳により、をのづから、世挙て大師と称する人あまた侍る、たゞ至徳のなす所なれば、勅号にもはるかにこえたり。

付言することはなにもない。私称大師で少しの不都合もないのである。

第八　大師信仰

一　鑽仰史・鎌倉期まで

良源は往生者か

叡山復興の功労者良源の伝記が、半世紀近くたってはじめて書かれたのは、山寺両門分裂の要因を作り、紛争の後遺症があったからかもしれない。その最初の伝記『慈慧大僧正伝』(一〇三一)によって大江匡房(まさふさ)(一〇四一―一一一一)は讃文を草しているが、往生者の略伝を集めた『続本朝往生伝』には、良源の弟子、尋禅、覚運、源信、増賀を収めながら、肝心の師匠の方はのせていない。匡房は良源を往生業者として認めなかったのであろうか。しかし、匡房とほぼ同時代の三善為康(ためやす)は匡房の著書に続いて『拾遺往生伝(しゅういおうじょうでん)』『後拾遺往生伝(ごしゅういおうじょうでん)』を編し、その後者に良源を載せ、その往生業を認めている。このことについて為康は付注して、ある人が慈恵僧正は満山(叡山)の三宝を護り法門の遺跡を継がしめるため浄土には往かず叡山に留っているので往生者ではないといったのに対して、護法(ごほう)(分身）を山に留めて身は西方に往生したとしている。ある人が匡房を指すとは思えないが、この認識が匡房と為康の違いであろうか。

良源説話

法力談

平安後期から鎌倉期にかけて往生伝に続いて説話集が作られだすが、この中に霊験者としての良源がある。戒壇門の崩壊を予知し、受戒の式を途中で止め、参会者の危難を救った（『打聞集』一七、他）かと思うと、投げる豆を箸で挾みとるという奇技を演じて浅井郡郡司に戒壇の修理を行わせるという話（『宇治拾遺物語』四―一七、他）もある。祇園社の天台帰属問題は良源の武力を象徴したものであるが（『今昔物語集』三一―九）、震旦（中国）の天狗が良源にとりつこうとして逆に腰骨を折られたこと（同上、二〇―二）は法力談である。

栄達批判

良源のことを名利栄達を願う僧と誹謗して、結果的には狂死した叡山僧雅縁――良源は誹謗が無実の由の起請文を書き三塔に披露した。起請文はこれからはじまるといわれる――の話（『十訓抄』四―五四、他）は、結果はどうあれ、僧正就任式にさいして異装して前駈を勤めようとした弟子僧増賀の奇行（『続本朝往生伝』）と相通じて、良源が僧侶として異例の出世をしたことへの非難がこめられていよう。

化身説

また、良源が慈覚大師の再生とか、三光天子のうち明星天子の再来とか、閻魔庁の王が良源を権化（仮に人間の姿に変身しいている）

人といったとかいう説は、最初の良源伝から見えることで、死後比較的早く現われたものである。そののち八大竜王の一つ、優鉢羅竜王の化身という夢を見た者（『古事談』三）や、平清盛が良源の再生者とする説さえある（『古今著聞集』二）。さらに、仏法擁護のため魔界の棟梁となり、天狗はすべて伴党である（『天狗草子』延暦寺巻）とする説もある。これらの多くは、良源を外敵を調伏する剛勇の面で評価するものの説であろう。良源の本地を観音とする考え方もある。慈円の『愚管抄』には「観音ノ化身ノ叡山ノ慈恵大僧正」とし、聖徳太子・藤原鎌足・菅原道真と共に良源を観音の化身と見ている記述がある。これは観音信仰の発展とともに、仏教の護持者として活躍した者を、観音が三十三身に応化して衆生を済度するという思想に一致させたもので、慈円の独創ではあるまい。この信仰にもとづいて僧栄盛という者が、文永頃外敵（元寇）の難を除き国家の安泰を祈願し、三十三体の等身木像を作った。叡山西塔本覚院（文永二年）・京都曼殊院門跡（同五年）に蔵される像がこの時のものである。また、六十六体像というのもあり、滋賀金剛輪寺などに蔵されており、さらに九十九体像も発願されている（岡崎寺真福寺蔵像銘）。

ここで良源の像についてふれておこう。寺伝によると、良源死去の前日、深夜まで止観三昧業を修したが、燈明のまたたきによって傍らの壁に映った良源の影が、良源が立去ったあとも消えず、しかもその影は顔の表情から衣文の色目まではっきりと映っていた。これを弟子の尋禅が書き写すと、写した部分から影はしだいに消え去ったという。

最古の画像

現在四季講堂に安置されている画像がこれであるという。寺伝は別として、現存最古の良源像は、長寛元年（一一六三）九月四日の書写奥書をもつ、京都仁和寺所蔵『高僧像』甲巻（重要文化財）一巻中に見えるもので、彩色のないいわゆる白描画（はくびょうが）である。

良源画像（『高僧像』甲巻，仁和寺蔵）

木像

木像では建保六年（一二一八）の銘記のある神戸現光寺所蔵のものが最古の遺品として知られている。叡山三塔十六谷、どこでもかならず良源の画像か彫像が安置され、全山は宗祖最澄をこえて元三大師信仰に没入した時期があったという。織田信長の叡山焼打などもあり、その大半を失ったが、現在なお画像を中心に遺品は少なくない。

元久元年（一二〇四）叡山では良源像が三体作られ、東塔・西塔・横川に各々安置された。これはその前年から起った山内の学生（若年の習学僧）と堂衆（山内の諸堂に香花を供える役の下級僧）の紛争について、暴徒の鎮圧を祈念して作られたものであった（『山門堂舎記』）。建暦元年（一二一一）にも堂衆と学生との対立から騒動が起り、この時は大師像を版木に彫り、一万体の摺写を行なって堂衆の調伏を行なっている（『華頂要略記』一二一。『天台座主記』）。

良源木像（求法寺蔵）

山内統制の護符

良源像が悪僧調伏の護符として使われるのは、生前の果断な悪僧対策や不動明王を安置し、また不動明王の姿と見えた熾烈な修法からの印象などに起因するといえよう。さきにあげた諸々の化身説も同じ意識のものである。叡山を守護するため浄土に行かず山に留ったといわれる良源の霊が活躍しはじめたのであろうか。はじめは山内統制の護

一般人の護符

符であった良源の霊威も、しだいに範囲を拡大、飢饉・疫病の根絶や、外敵調伏の性格などを付加して行った。虎関師錬は『元亨釈書』第四のなかで「良源は自ら鏡を把って顔を写して、我像を置く所は、必ず邪魅を砕くといったので、像を模写して、現在はほとんどの家の門や扉に貼付ける（風習）が起った」としている。同書は元亨二年（一三二二）に成立したもので、もちろん良源の言葉は信じ難いが、当時の摺供養の目的と流行のさまをうかがうことができる。摺写は五百体・一万体・三万体という数で行われている。

良源講式

良源を追慕する法会に使われるものに講式と和讃がある。講式は、法式にしたがって回向供養するさいの次第を記したものであるが、その主部に徳行等を対句の形で表現する文をもち、これに独得の曲調を付して歌讃するところに特徴がある。良源の場合は、弟子源信作と伝える表白式・沓冠式といわれる二種の「慈恵大師講式」があり、おなじく覚超の五段式、源信・覚超両流を受け継ぐ宝池房証真の三段式・咲式の二種、後宇多院の御製式など多くのものが知られている。源信の沓冠式とは、

沓冠式

敬白一切三宝而言。爰某。仰慈恵大師之垂示、

礼観自在尊之本体。債以。和尚治山之往昔現、

慈……………………………………最
恵……………………………………勝

のように、上(冠)に「敬・礼・慈・恵・大・僧・正・天・台・仏・法・擁・護・者」、下(沓)に「示・現・最・勝・将・軍・身・悪・業・果・生・同・利・益」の各々十四字宛を配し、冠沓各一字を含んで十八字ずつの文を作っているところからいわれる。証真の咲式は、この講式を行なったさい、良源の画像がほほえんだからと伝えられている。

和讃

和文をもって讃嘆するいわゆる和讃も、種々知られているが、中でも著名なのは咲式を作った証真の「慈恵大師和讃」である。

最古の講式

講式・和讃の作者に源信・覚超らの名があがっているが、文体等から考えて鎌倉期を遡らないとされている。ただ、最近(昭和四十七年度)東京大学史料編纂所に所蔵された「慈恵大師講式」(首欠、一巻)は建保元年(一二一三)に天台座主慈円(『愚管抄』著者)が草し、翌年七月成源に書写させたもので、年次の明確な現存最古の講式である。慈円と証真は交渉があり、証真作といわれる講式・和讃の類はあらためて検討の要があろう。

慈恵大師絵

建暦二年(一二一二)十一月十八日、鎌倉将軍源実朝(さねとも)の御所で、京都の風を模して老若男女対抗の絵合が行われた。この時出品された結城朝光の『四大師伝絵』は『小野小町一期盛衰事絵』とともに好評を博した（『吾妻鏡』）。四大師とは天台の伝教・慈覚・智証・慈恵であった（『増補考古図譜』）。下って室町時代貞成親王は青蓮院に伝わった『慈恵大師御絵』三巻を見ているが、これには詞書が添えられていたが紛失してしまったらしい（『看聞御記』永享九年八月十八日）。近時櫛田良洪博士によって発見紹介された梵照の『慈恵大僧正拾遺伝』と同一巻に合綴書写された『慈恵大師絵詞末』というものがあり、良源晩年から没年の法事など十一項が知られるがこれには絵がない。南北朝期の書写である。また坂本求法寺に『元三大師縁起』（室町初期写）、一巻があり、詞書一段と応和の宗論、天元四年の輦車の宣旨の二図が知られている。これら相互の関係はわからない。『絵詞末』には正月三日の没日の追善法会を元三会とよび盛大に催されたとある。

元三会

元三会の名称がどの位遡るかは明らかでないが、少なくとも鎌倉初期には良源像の前で、講式や和讃が行われたことは確実で、寛喜二年（一二三〇）正月三日、京都東山大谷、慈円の旧房吉水で慈恵大師講が行われ、藤原定家らが参詣している（『明月記』）。

慈恵大師講

この講は横川の法華堂や青蓮院で毎月、東塔無動寺で毎年行われたことが知られている（『門葉記』九〇、勤行二）ので、叡山内からしだいに山外の天台関係寺院へと拡大していったものであろう。「懴法院勤行次第」（同上、九三、勤行四）には慈恵大師法楽として仁王講・大師講・観音経三巻読誦が大師の霊前で行われているし、大原三千院では、忌日の正月三日に大師の遺訓であるとして法華問答講が恒例の行事となった（『三千院文書』二、恒例仏事）。

良源の遺品

こうした天台の大師信仰を背景に良源の遺品が貴重視されている。後白河法皇の所持する慈恵僧正の五鈷が八条院の瘧病の治癒に功のあった験者に施物として下賜されたり（『玉葉』養和二年七月一日）、元応寺住持受戒のさい、宮中からの施物に例の応和の宗論で仲算と論義した折、所持したと伝える如意がやはり下賜されている（『言継卿記』永禄八年四月七日）。

温泉寺如法堂由来

室町期の禅僧瑞溪周鳳の日記『臥雲日軒録』（抜尤）によると、相馬の温泉寺にある如法堂はつぎのような由来がある。

清澄寺の自心坊尊恵は、毎年閻魔の庁に法華経の講師として招かれること四度に及んだ。四度目のとき閻王は翌年十万人の読経会を開くため、日本国王に金字紺紙法華経一部の提出を依頼、それを温泉寺に埋めよといった。この時の尊恵と閻王の問答で、温泉寺に埋経の理由は、この地が閻魔宮の東門に当るからで、尊恵が平清盛が兵庫に経島を築いたことをいうと、閻王は清盛は慈恵大師の再生であるから「敬礼慈慧大僧正、天台仏法擁護者、示現最勝軍身、悪業果生同利益」の文を唱え、つねに礼拝していると答えている。三日にして蘇生した尊恵の言葉で法華経が用意され指示の通りにした。その上に如法堂が建てられたのである（宝徳四年四月十八日）という。

二　鑽仰史・室町期以降

公家の大師信仰

大師信仰は室町期に入って、応仁の乱後に一つの頂点に達するようである。『お湯殿上日記』によれば、後土御門天皇・後奈良天皇および側近者は、叡山から青蓮院や般舟三昧院を経由して送られてきた、慈恵大師像が彫られた版木によって、一万体の大師像を刷るいわゆる摺供養に結縁することがしばしばである（文明九年閏正月四日～享禄四年五月十二日）。文明十五年（一四八三）十二月十八日、後土御門天皇は内裏で慈恵大師法楽百首続歌の会を催し、式部卿宮・梶井宮・中院一位通秀・按察使甘露寺親長・中御門中納言宣胤・侍従三条西実隆・姉小路宰相基綱・右衛門督冷泉為広、甘露寺元長朝臣などが参会している（『実隆公記』『親長卿記』『お湯殿上日記』）。

三条西実隆の信仰

三条家では、日吉大宮社の印板によって慈恵大師像を摺写し、家の本尊としている（『元三大師裏書』文明十二年）し、三条西家でも実隆はその父公保の代から月の三日と十八日には慈恵大師法楽として、観音経普門品を百巻読誦することを常とし、またしばしば家司を代官として横川の参拝におもむかせている（『実隆公記』文明七年正月等）。文明十三年五月には実隆自身宿願の横川参籠を行なっている。参籠は七日におよび、この間大師の御廟に参拝、大師の御影を拝したほか、叡山諸堂を巡拝し、「無雙ノ霊場、結縁浅カラズ、事ニ於イテ感涙ヲ催ス」（同上、文明十五年五月十五日）と感激している。さらに般若心経や普門品を書写し、慈恵大師像千体摺写に結縁し、「慈恵大師講式」を書写している（同上、十九日）。参籠を終え「所願成就ス、自愛々々」と記している（同上、二十日）。中御門宣胤も実隆と同じく、三日・十八日に慈恵大師尊像を懸け、その前で観音経三十三巻を読誦することを恒例の行事としている（『宣胤卿記』文明十二年―永正十四年）。

慈恵大師堂勧進

文明十三年五月十六日に依頼によって良源の出生地近江国浅井郡三河村に慈恵大師堂（玉泉寺か）を造立するための勧進帳を清書し、たまたま訪ねてきた一条冬良にこれを見せている（同上）。山科言継も不動慈恵大師供に施米し、読経している

(『言継卿記』天文十八年九月三日)。これらの公家はいずれも自分の行動を克明に記録した日記が遺されているため知られたもので、日記の遺らないこの時代の多くの公家たちの間にも、大師信仰があったと思われる。自らの存在基盤を根底からくつがえしつつある変革期のなかで、大師信仰にかけたのは、良源のもつ強烈な護法神的性格によるものであろうか。

山内の大師信仰

江戸時代、叡山の山麓坂本あたりで唄われる子守唄に、

山の坊さん何食うてくらす　油葉の附焼定心房

定心房

というのがあるという。交通不便で食糧補給の容易でない山上では、保存食が重視される。蛋白質分豊富な油葉はわかるが、定心房とは何であろう。定心房はいうまでもなく横川における良源の住房で、この名で代表される食物はいわゆる沢庵漬である。大根の糠漬を関東地方では僧沢庵(たくあん)の考案とするが、叡山では良源の考案としているためこの名がある。また僧侶の平常服として素絹衣(そけんえ)というものを制定したのも良源という。いずれも根拠のないものであるが、便利なものは何事も信奉する慈恵大師の創始とすれば納得されるほど強い大師信仰から生じた俗信であろう。易占にさいし慈恵大師の画像を前に

素絹衣

易占

して行う風があるが、これはつぎのような理由からという。徳川家康の廟所を駿河久能山に造営した南光坊天海の夢中に良源が現われ、信州戸隠山の神前にある観音籤をわが像前に置き、願望のあるものはこの籤によって吉凶禍福を知ることができるというものである。百番のくじに百組の偈文がついており、そのくじを引くことにより吉凶が指示される。起源の真偽は別として慈恵大師信仰の仲介者として天海が登場することはきわめて意味のあることである。

天海と大師信仰

天海は家康・秀忠・家光三代の徳川将軍の信仰をうけ、武蔵川越の喜多院を中興、また上野寛永寺を創建、門跡寺院とするなど関東における天台宗の勢力を大いに伸長した。

将軍嗣子出生祈願

とくに家光の嗣子出生祈願に、良源の冷泉・一条両帝出生の故事にあやかり、その霊験を得るため伊勢津の西来寺に伝わる慈恵大師画像を寛永寺に安置して祈願した。はたして霊験あって、寛永十七年（一六四〇）八月三日男子誕生、竹千代、のちの家綱となった。慈恵大師の霊験は天海を介して将軍以下関東の諸民に顕然としたのである。

関東地方大師関係寺院

直接天海の関係した二寺院、喜多院と寛永寺には良源と天海を併祀して両大師と称する堂をもつ。このほか関東地方における大師関係の著名な寺院としては、安楽寺（茨城県

水海道市大輪町)・深大寺(東京都調布市深大寺町)・行元寺(千葉県夷隅郡夷隅町荻原)・大光普照寺(埼玉県児玉郡神川村)・竜泉寺(栃木県足利市助戸一丁目)などがある。

近江

京都

関東地方以外、本拠地叡山はほぼ全体が縁りの寺院であるし、隣接する近江・京都にも数多くの寺院がある。このうち近江では誕生所とする玉泉寺(滋賀県浅井郡虎姫町)、母妙見の墓所安養院(同大津市千野二丁目)や真迎寺(同市迎木町)・求法寺(同市坂本本町)などが著名である。京都市内では、江戸時代天保年間に盛んになったらしい「洛中十八大師巡り」というものがあって、つぎの寺院の名があがっている。

一番廬山寺　二番遣迎寺　三番行願寺(革堂)　四番真正極楽寺(真如堂)　五番尊勝院　六番祇園社内　七番養源院　八番門出八幡社内　九番菅大神内　十番神明社内　十一番御池八幡社内　十二番大福寺(布袋薬師)　十三番三宝寺　十四番和光院　十五番光林寺　十六番金山天王寺(廬山寺に合祀)　十七番上善寺　十八番般舟三昧院

廬山寺

このうち第一番の廬山寺は寺伝等によると、良源が護持僧となったりして宮中との関係が深くなったため市中に金山天王寺を建立し、叡山・内裏往復の中継地としていたが、ここが火災で焼失したため別に、北山(現在の船岡山附近)に一院を建て、与願金剛院と称

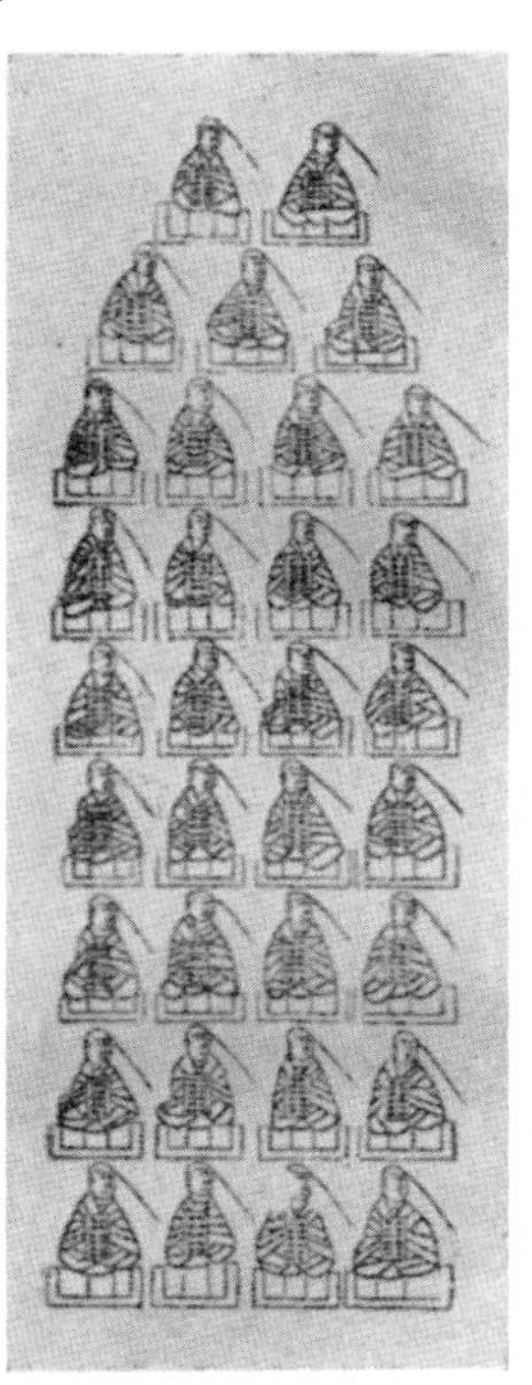

角大師（左）・豆大師（右）護符

した。のち廬山寺と改名され、室町時代のころ現在地（寺町通広小路上ル）に移転したという。良源の遺言および制式の二文書をもつ寺院である。

このほか中道院（福井県鯖江市長泉寺町）・西来寺（三重県津市乙部）・来迎寺（同松阪市）などがとくに著名で、さらに北は北海道から南は九州まで大師信仰の寺院は枚挙にいとまがない。

これら大師縁りの寺院

では、大師の画像または木像を祀り、大師堂として独立した堂をもつものが少なくない。

魔滅大師

そして魔滅大師（豆大師）といわれる三十三体の小像を一枚の符に摺りこんだもの、二本のつのを生やし裸形で胡坐する異様な姿を摺った角大師といわれる護符などを頒っている。

角大師

角大師の護符を家の門に貼っておくと疫病神の災厄から逃れることができるという信仰は現代でも根強く生きている。この異様な角大師の護符の起源については、疫病神が良源を襲おうとしたので、試みに小指の先に疫病神を宿したところ激痛が全身を走り、高熱を発したという。これによって疫神除去のため自ら降魔の姿を示現して、これを護符に写しとらせたというものである。すでにふれたように大師の護符は鎌倉時代まで遡り、豆大師も観音三十三身の思想にもとづくことは明らかである。豆大師の姿は袈裟を着した可愛らしい様子であるが、左の眉が異様な長さを示した特異なものである。

鬼大師

木像に鬼大師とよばれる鬼面坐像、画像にふつうの良源坐像の前後などに不動明王の類を配したものがあり、江戸時代には元三大師秘密供という密教的行法が盛行した。

美男良源

こうした異相像の反動として、良源は実際は大変やさしい綺麗な顔つきをしていて、内裏に参上するのにさいいし、宮中女官の噂にのぼるのを嫌い、わざと鬼面を用意し、参内にはこの面をかぶったという説もある。その遺品と伝えるものが現在も廬山寺に蔵されている。

俗称

元三大師という俗称が一般的であるが、このほか、本朝大師・御廟（みみょう）大師・降魔大師・角大師・木葉（もくよう）大師などさまざまな呼び名があり、その信仰の発展は、当然のこととして数々の利益談を生んで現在にいたっている。それらについてここでふれる余裕はない。ただ山田恵諦氏『元三大師』にその一端が収められているので参照されたい。

三　良源の父母

良源の父母については『慈慧大僧正伝』以下、新発見の『慈恵大僧正拾遺伝』にいたるまで、どの良源伝でもその父母の名を明らかにしていない。これは再三ふれたように、良源の伝の書き手たちが良源の晩年をわずかに知る者たちであったことによる。良源がとり立てて生家のことをいわなければ、その家はわからないくらいの程度の家であったからであろう。

饗場家

ところで良源出生の家系と称する饗場（あえば）家の一族が現存し、彦根市に在住されている。

家系

童名日吉丸

良源の兄弥世丸重春（重房とも）の流という。同家には家系の類を中心に古文書を所有されており（饗場家文書）、ほとんど近世期の書写のものであるが、なかに注目すべきものがある。文治三年（一一八七）三月七日饗場弥太郎重久が記したという『先祖代々之覚』である。饗場家は近江国高島郡木津庄に住し、貞観年中木津重家が遠江国浜名橋造営の功をたて、朝廷から天国の御剣というものを賜わった。重家の子重頼は昌泰二年（八九九）木津庄を二分、饗場・木津の二庄とし、重頼は饗場に居所を構え、木津姓を改めて饗場と名乗った。弟重雄が木津庄に居したのであろう。ところが、その重雄が事件をおこしたらしく流罪となり、兄重頼もこれに連座、高島郡から同国浅井郡三川村に蟄居することとなった。大娘（だいじょう）饗場蔵人重頼がこれで、良源の父という。重頼は延長五年（九二七）に死去、大吉寺四王院に葬られた。この大吉寺に出家した童名日吉丸がのちの良源である。一方弥世丸重春の母は物辺茂衛門尉憲興（奥とあり）の娘で、天暦年中に死去したという。以上の記載が『先祖代々之覚』に見えるが、この書は文治の原本ではなく江戸期の書写である。これとは別に、江戸期に作られた「乍恐（おそれながら）慈恵大師由緒之有増（あらまし）奉申上候」という文書は、右の記載とは若干異なりながらもより整備した形となる。要約すれば重頼の長子が弥世丸、

父重頼・母憲興女

次子が日吉丸で、長子が家を相続、日吉丸が出家し、のち叡山に上ったということになる。こうして良源の父は饗場重頼、母は物部憲興の娘となる（巻末、饗場家系図参照）。

さらに良源の母については『江州浅井郡三河村慈恵大師縁起』（近世写）につぎのように見える。

慈恵大師の御母は、人王五十八世光孝天皇の上北面物部左衛門少尉法興と申ける、于時仁和三年正月朔日に法興一人の女子をもうく、月子女と名つけぬ、則是慈恵大師の御母也、

月子女

良源の母の名は月子女であり、仁和三年（八八七）誕生となる。こののち成人して天下無双の美人となっていった。昌泰三年（九〇〇）九月、十四歳となった月子女は宇多帝に仕えることとなった。或る日、日輪が懐中に飛入ると夢見て懐妊、後宮の勢力争いにより、木津符生時顕（重頼ではない）のところにかくまわれることとなった。やがて延喜十二年（九一二）九月三日良源を生むこととなる。これによれば良源は宇多天皇の皇子である。この皇胤説には別に支持するものがある。

宇多天皇皇子説

『慈恵大師和讃』に「その母公を尋ぬれば、宇多の帝の妃にて」とあるし、藤原良業

千野

安養院

安養院（良源の母の墓所といわれる寺）

の『和論語』（巻八、釈氏）中にも、

宇多帝落腹之御子也、江州浅井郡ニシテ養育ス、密ラ（ママ）而木津ノ子ト号ス、慈恵大師ト号ス、或ハ元三大師トシカジカ、

とある。ひとり『縁起』の独創ではない。

この月子女は晩年を叡山南麓雄琴（おごと）の近く千野（ちの）に居を構えた。これについてさきに引用した『慈恵大師縁起』にはつぎのようにある。

叡山に上った良源は天暦五年（九三七）七月上旬、母を比叡山横川の麓にある安楽野に移した。良源の母が居住したため、のちこの地を乳野（ちの）（大師が母の乳を飲みに来たの意）という。同六年ここに一宇の堂を造営し安養院といった。大師は母に会いにしばしば下山してこの地を訪ねた（横川・安養

妙見菩薩像の護符

院間は直線距離にして約四キロ、現在でも安養院門前から横川を仰ぐと横川の燈がチラチラするという。前住職談）。大師の母は九十三歳まで長生し、天元三年（九八〇）七月七日に没し、諱（いみな）を「妙見菩薩」という。

本堂の裏手にその墓があり、また本尊として祀っている。大師の母の姿を版木にしてこれを刷り信心する人々に頒っている。また正月二日と八月十六日の二回、横川と安養院間で大師をしのぶ法会がいまでも行われている。これらについてはかつて文豪故谷崎潤一郎氏が『乳野（ちの）物語―元三大師の母』という随筆風の作品を発表（『心』昭和二十六年一月―三月）詳細にふれている。

さて、叡山の正伝とはふれあわない良源の父母について、どのように考えたらよいのであろう。まず良源皇胤説については、叡山の碩学で、右の谷崎氏へ多くの資料を提供された曼殊院門跡、故山口光円氏は、叡山に古くから伝わるいい伝えでもあり、これを信じて疑わないとされた。しかし、宇多天皇の側からの諸史料にはその手がかりさえない（当時からかたく秘密にされていたから史料が残らないのは当然という論もあるが、もちろん根拠はない）。皇胤説の上限は『和論語』（鎌倉期成立とするが江戸時代までの書継ぎがある）や「和讃」であり、恐らく中世末を遡らないと思われるし、『饗場家文書』の記載とも一致しない。月子女があずけられた先は木津時顕であって饗場重頼とは別人なのであろうか。「江北の俗説に、物部氏の名を月子と曰ひ、延喜の宮女にして龍体に近づき身(はら)めるありて郷に帰り、以て良源を生めりとなすは、妄誕不稽も甚しと謂はざる可からず」とは、昭和二年に刊行された『東浅井郡志』（三、雑志）の指摘するところである。高僧の出身をより飾ろうとするのは、出生談に奇瑞がまつわるのと同じような意識であろう。ここでは、後の人々が、大僧正という異例の昇進をはたした良源の出自を、皇胤説で飾ったものとしておく。

饗場家出自説

それでは『饗場家文書』の伝える良源の父母はいかがであろう。これは家系類に関する最古のものと思われる、文治三年の饗場重久の記載をどこまで信じるかの点にかかる。

ただこうした系譜類に関するものは、文治三年記載といっても江戸時代書写のものである以上、とくに注意しなければならない。同家には別に重頼と日吉丸が兄弟であるとか、兄の弥世丸は重春でなく重房とするものなどもあり、かならずしも一致していない。良源の父を「大娘饗場蔵人重頼」とする。蔵人とすればかなりの高官であり、わずかに残る延喜の『蔵人補任』に名があるか、正史の端に名をとどめていてもよさそうである。また「大娘（だいじょう）」ともある。これは始祖寄貞に「藤原大娘」とあることによるが、大娘とは皇后の意であり、これがはじめから冠されていたのであろうか。良源の正伝が木津氏としているのに、こちらでは一代前に饗場氏と改姓している。さらに観音丸という幼名と日吉丸とが全くふれあわないのも不思議である。日輪を呑んで生まれた子が日吉丸で、母は月子女、その母は七月七日に死去して妙見菩薩という。いささか配合の妙が過ぎはしないだろうか。『饗場家文書』の検討はなお必要であろう。

良源の母が千野の近く、苗鹿（のうか）に居を移したことについては、良源の直弟子梵照の記述があるので一考は要しよう。ただし天暦五年ではなく九年であり、近くであっても苗鹿と千野は区域的にも異なる場所である。天元三年七月七日九十三歳没は、梵照のいう康保三年九月二十六日八十歳没をとるべきである。『近江輿地志略』志賀郡千野安養院の項にはつぎのようにある。

天台宗、界内に妙見堂あり。土俗云ふ。元三大師の母也と。誤りなるべし。「叡岳要記」「山門記」「日吉記」「山家要略記」等を考ふるに伝教大師の母妙見といふ。然らばもし是にや。又妙見と号せる仏あり。其仏にや未詳。

そして同書の浅井郡玉泉寺の項に「元三大師母公墓」があるともする（天元二年大吉寺に法会を行い帰路墓参したとする梵照の記がある）。現存の遺構や口碑がすべて妄説であると簡単にのけることは正しくないとしても、事実と千年余の歳月をへだてる今日、これをそのまま受け入れることができないのも当然である。ただこれらが現実の大師信仰とともにあるということはたしかなことである。

良源師弟関係図（『諸嗣宗脈記』『慈恵大僧正拾遺伝』『望月仏教大辞典』に私意を加えた）

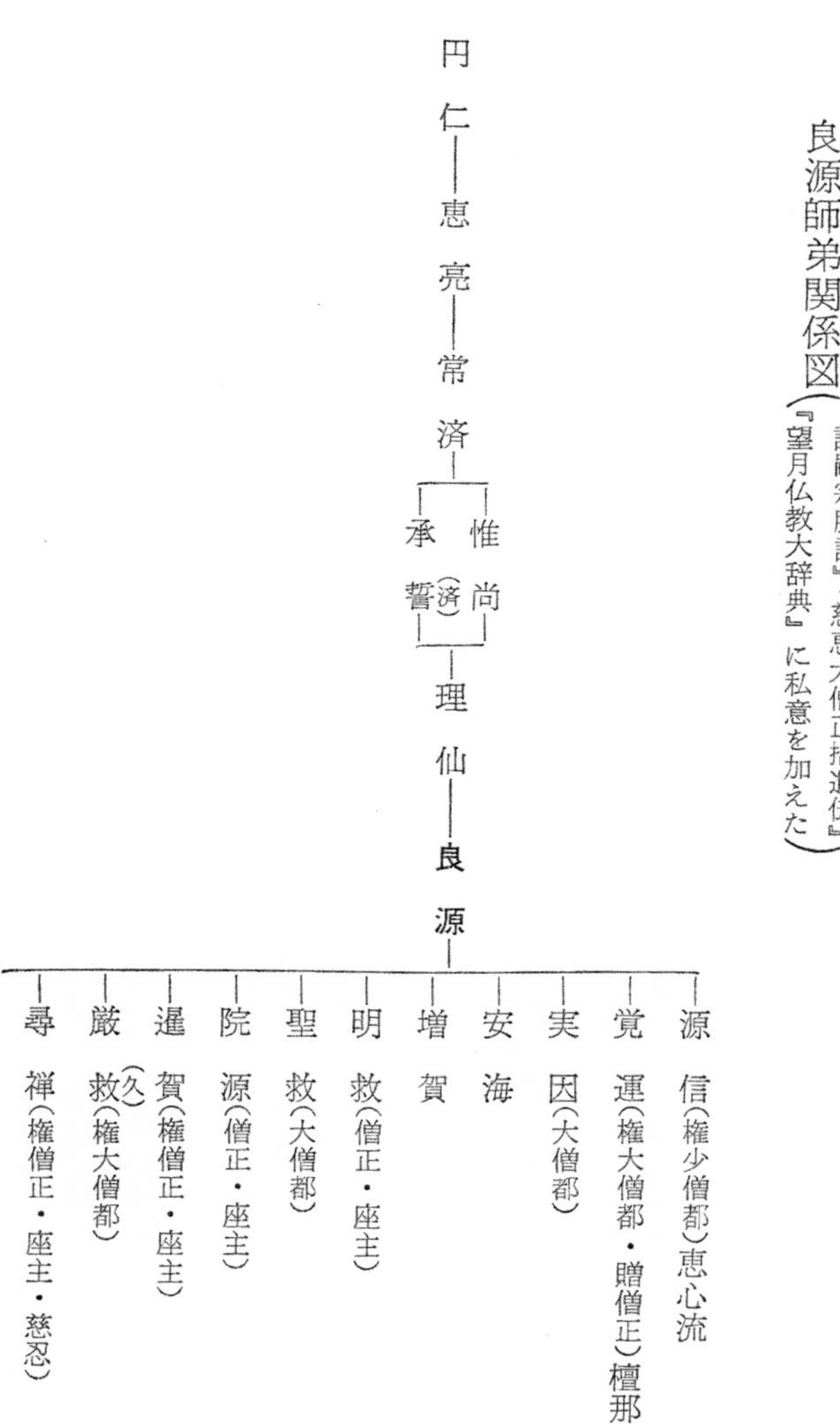

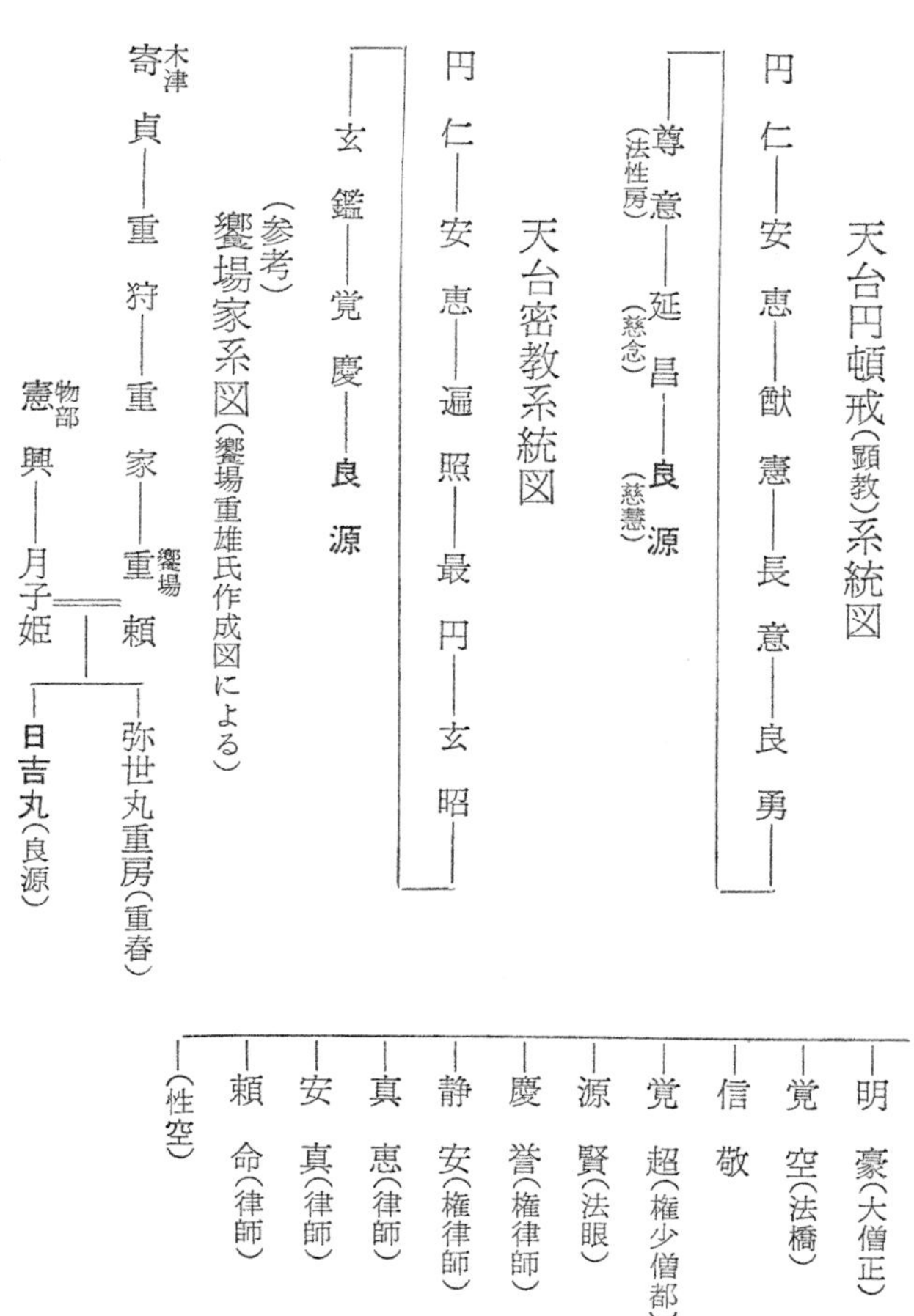
天台円頓戒(顕教)系統図
円仁
安恵
猷憲
長意
良勇
尊意(法性房)
延昌(慈念)
良源(慈慧)
明豪(大僧正)
覚空(法橋)
信敬
覚超(権少僧都)
源賢(法眼)
慶誉(権律師)
静安(権律師)
真恵(律師)
安真(律師)
頼命(律師)
(性空)
天台密教系統図
円仁
安恵
遍照
最円
玄昭
玄鑑
覚慶
良源
(参考)
饗場家系図(饗場重雄氏作成図による)
木津
寄貞
重狩
重家
饗場
重頼
物部
憲興
月子姫
弥世丸重房(重春)
日吉丸(良源)

略年譜

天皇	天台座主	年次	西暦	年齢	事蹟	関係事項
醍醐	増命	延喜一二	九一二	一	九月三日、誕生（幼名観音丸）	三善清行意見封事十二ヵ条を献言
		一四	九一四	三		
		二〇	九二〇	九	雲貞行、田中に遊ぶ観音丸の異相を見て出家をすすむ〇（年不明）田河大橋のほとりで騎馬の人、観音丸の異相を見て拝礼す	
	良勇	二三	九二三	一二		
	玄鑑	延長元	九二三	一二	五月、梵釈寺覚恵のすすめにより、比叡山西塔理仙に師事	
		四	九二六	一五		
		六	九二八	一七	四月、座主尊意につき受戒（出家名良源）	師主理仙死去〇船木良見観音丸の出家に奔走す
		七	九二九	一八	叡山論義で名声をあげる	乗恵、師喜蓮の命により

							良源の弟子となる
朱雀	尊意	承平	元	九三一	二〇		暹賀、良源の弟子となる
			五	九三五	二四		平将門、伯父国香を殺す
			七	九三七	二六	十月、興福寺維摩会、勅使の房で番論義あり、法相宗義昭を論破、名声をあげる	
		天慶	二	九三九	二八	この頃覚恵にしたがい摂政藤原忠平に認められる	
	義海		三	九四〇	二九		浄蔵、横川で将門調伏祈禱、将門死す
			四	九四一	三〇		静安、得度受戒
			八	九四五	三四	母の六十の賀を崇福寺に行う	
			九	九四六	三五	(天慶年中) 覚恵より三部大法を受く	
村上	延昌	天暦	二	九四八	三七	西塔大日院落慶供養。堂達を勤む (大法師)	空也、天台座主延昌に受戒
			三	九四九	三八	八月、横川に隠棲、忠平の追善を行う	関白藤原忠平没
			四	九五〇	三九	七月、東宮護持僧となる	憲平親王 (冷泉帝) 生る
			五	九五一	四〇	元慶寺覚恵の譲により阿闍梨となる	
		天暦	七	九五三	四二		天台僧日延、呉越国天台山に経典を運ぶ
			八	九五四	四三	十月、横川法華三昧堂落慶供養。師輔を迎う	右大臣藤原師輔、横川に

天皇	座主	年号	年	西暦	年齢	事項	参考事項
村上	延昌	天暦	九	九五五	四四	一月、村上天皇、母后のために弘徽殿において宸筆八講を行い、講師の一人に選ばれる○六月会の説法の見事さに聴聞者驚嘆す○母のため苗鹿山窓を造り、母の七十の賀を行う	一門の繁栄を祈願す○源信受戒 師輔、六月会に施物を送る。また横川隠棲の意志を示す
		天徳	元	九五七	四六	五月、師輔室の安産祈禱を、坊城第に修す○『九品往生義』編纂この頃以後か	師輔室康子内親王没○日延帰朝
			二	九五八	四七		師輔息尋禅、延昌に受戒
			四	九六〇	四九		右大臣藤原師輔没
		応和	元	九六一	五〇	閏三月、延暦寺大日院五壇法の役僧を辞退○五月、中宮安子、横川真言堂に師輔の周忌法会を行う（良源奉仕か）○六月、師輔の遺言により岡屋庄横川法華堂に施入される○七月、東宮の御修法を修し中宮より度者を受く	師輔の遺言により、尋禅所領十一ヵ庄を受く○師輔息高光、横川に出家
			二	九六二	五一	五月、師輔長子伊尹、私稲を楞厳院法華三昧料として施入	
			三	九六三	五二	八月、清涼殿において法華八講あり、法蔵を論破して名声を博す（応和の宗論）	増賀、横川から多武峯へ○空也賀茂河岸に法会
	鎮朝	康保	元	九六四	五三	六月、内供奉十禅師となる○十月、宮中仁寿殿に	中宮安子没

天皇	天台座主	年号	年	西暦	年齢	事績	参考事項
						修法。以下しばしば行う	
	喜慶		二	九六五	五四	十二月、権律師となる（僧綱入り）〇母の八十の賀	
	良源		三	九六六	五五	八月、第十八代天台座主となる〇九月、母没す〇十月、延暦寺大火。ただちに復興計画〇十二月、律師となる	
			四	九六七	五六	四月、法華堂再建、以下復興事業進む〇八月、主要堂舎前に禁制を示す	律師賀静・園城寺長者房算、良源の超越を恨み悶死
円融		安和	元	九六八	五七	二月、楞厳三昧院検校となる。横川整備進む〇三月、権少僧都となる	
			二	九六九	五八	三月、恩人在衡を慶賀	安和の変
		天禄	元	九七〇	五九	四月、総持院再度焼失のため他の工事を中止し再建につくす〇七月、二十六ヵ条制式を布告〇八月、多田満仲、摂津河辺に多田院を建立。落慶供養導師となる	
			二	九七一	六〇	四月、総持院塔供養、舎利会を行う〇五月、権法務となる	
			三	九七二	六一	一月、横川、西塔について独立（三塔分立）〇四月、講堂等五堂落慶供養を行う〇五月、没後の雑	太政大臣藤原伊尹没

					事を定む（遺言）	
円融	良源	天延 元	九七三	六二	十一月、戒壇院の倒壊を予知し、受戒式を中止す○十二月、少僧都となる	尋禅一身阿闍梨となる
		天延 二	九七四	六三	十二月、権大僧都となる	祇園社天台の別院となる○尋禅、権少僧都となる
		三	九七五	六四	十月、大僧都となる	関白太政大臣藤原兼通、横川中堂にて舎利会供養○兼通、横川に師輔の法会を行う○尋禅、法性寺座主となる
		貞元 元	九七六	六五		
		二	九七七	六六	三月、山上・四月、吉田寺に各舎利会を行う○十月、権僧正となる	関白藤原兼通没
		天元 元	九七八	六七	竹生島弁才天供養を行う	暹賀、西塔院主となる○朝光、横川に兼通の周忌法会を行う
		二	九七九	六八	四月、地主三聖祭を行い、不参加僧の僧籍を剝奪す○故郷大吉山寺、細江浜などで法会を修し、父母の墓参をはたす○十二月、僧正となる○山上整備進む	東坂本・三津・苗鹿の雑役を延暦寺造作のため免除○尋禅、大僧都となる○兼家、横川に恵心院を建立す

			三	九八〇	六九	九月、根本中堂落慶供養、円仁派威勢を示す○再び細江浜で法会を催す	明普蘇生して師良源が権化の人であることを語る
			四	九八一	七〇	八月、輦車の宣旨をうけ、さらに大僧正となる	尋禅、権僧正となる○余慶、法性寺座主となる○慈覚門徒法性寺座主の改補を奏請、強訴す
			五	九八二	七一	一月、慈覚・智証門徒の紛争につき朝廷に弁明す	
		永観	元	九八三	七二	三月、円融寺供養法会に尋禅と共に役僧となる○七月、「金剛界念誦賦」を作り元杲に送る	兼家、横川薬師堂・恵心院を供養す
花山			二	九八四	七三	花山妙業房において兼家一門の繁栄祈禱を行う○病のため山上より居を坂本求法寺に移す	為憲、『三宝絵』を選す
	尋禅		三	九八五	七四	一月（三日）没	尋禅、天台座主となる
一条		寛和	三	九八七		二月、慈慧の諡号を賜わる	

主要参考文献

一　基本史料

『慈慧大僧正伝』（『群書類従』〈伝部〉巻六九）

『慈慧大師伝』（『群書類従』〈伝部〉続巻二一三）

『慈恵大僧正拾遺伝』（『仏教史研究』八）

『天台座主良源起請』『天台座主良源遺告』（『平安遺文』巻二）

（慈恵大僧正御遺告）（『群書類従』〈釈家〉巻二四）

『大日本史料』第一編二三（寛和元年正月三日条）

二　主要参考書・論文類

山田恵諦『元三大師』　昭和三四年　延暦寺

谷崎潤一郎「乳野物語—元三大師の母」（『心』昭和二六年一—三月、全集・角川文庫など）

饗場重雄『饗場家先祖並に慈恵大師御事蹟について』（孔版）　昭和三六年
叡山学院『元三慈慧大師九百五十回遠忌記念号』　昭和一〇年
叡山学院『元三慈恵大師の研究』（前書を併載）　昭和五九年　同朋舎
櫛田良洪「慈恵大師伝の新資料について」（『印度学仏教学研究紀要』一四―二）　昭和四一年三月
平林盛得「新出の慈恵大師伝資料蛇足」（『仏教史研究』一一）　昭和五一年一二月
村井康彦「天台座主良源と横川の独立」（『日本歴史』一一六）　昭和三三年二月
堀大慈「良源と横川復興　上・下」（『人文論藻』一〇・一二）　昭和三九年一一月・四一年二月
堀大慈「良源の「二十六カ条起請」制定の意義」（『史窓』二五）　昭和四二年三月
平林盛得「良源と叡山の中興」（『歴史教育』一二―六）　昭和三九年六月
辻善之助『日本仏教史』上世篇（新版あり）　昭和一九年　岩波書店
井上光貞『日本浄土教成立史の研究』（新訂版あり）　昭和三一年　山川出版
景山春樹『史蹟論攷』　昭和四〇年　山本湖舟写真工芸部
景山春樹『比叡山』（新書版・新訂選書版あり）　昭和四〇年　角川書店
村山修一「慈恵大師の信仰に就いて」（『比叡山―その歴史と文化』）　昭和二九年　叡山文化綜合研究報告

著者略歴

昭和八年生れ
昭和三十年東京教育大学文学部史学科（日本史専攻）卒業
前宮内庁書陵部図書調査官

主要著書
聖と説話の史的研究　僧歴綜覧〈共編〉
古筆手鑑大成〈共編〉

人物叢書　新装版

良源

昭和五十一年十二月　十　日　第一版第一刷発行
昭和六十二年十一月　一　日　新装版第一刷発行
平成　五　年　六　月　十　日　新装版第二刷発行

著者　平林盛得（ひらばやしもりとく）
編集者　日本歴史学会
代表者　児玉幸多
発行者　吉川圭三
発行所　株式会社吉川弘文館
東京都文京区本郷七丁目二番八号
郵便番号一一三
電話〇三－三八一三－九一五一〈代表〉
振替口座東京〇－二四四
印刷＝平文社　製本＝ナショナル製本

『人物叢書』(新装版)刊行のことば

人物叢書は、個人が埋没された歴史書が盛行した時代に、「歴史を動かすものは人間である。個人の伝記が明らかにされないで、歴史の叙述は完全であり得ない」という信念のもとに、専門学者に執筆を依頼し、日本歴史学会が編集し、吉川弘文館が刊行した一大伝記集である。

幸いに読書界の支持を得て、百冊刊行の折には菊池寛賞を授けられる栄誉に浴した。

しかし発行以来すでに四半世紀を経過し、長期品切れ本が増加し、読書界の要望にそい得ない状態にもなったので、この際既刊本の体裁を一新して再編成し、定期的に配本できるような方策をとることにした。既刊本は一八四冊であるが、まだ未刊である重要人物の伝記についても鋭意刊行を進める方針であり、その体裁も新形式をとることとした。

こうして刊行当初の精神に思いを致し、人物叢書を蘇らせようとするのが、今回の企図である。大方のご支援を得ることができれば幸せである。

昭和六十年五月

日本歴史学会

代表者 坂本太郎

〈オンデマンド版〉
良源

人物叢書　新装版

2020年（令和2）11月1日　発行

著　者　平林盛得（ひらばやし もりとく）

編集者　日本歴史学会
代表者　藤田　覚

発行者　吉川道郎

発行所　株式会社　吉川弘文館
〒113-0033　東京都文京区本郷7丁目2番8号
TEL　03-3813-9151〈代表〉
URL　http://www.yoshikawa-k.co.jp/

印刷・製本　大日本印刷株式会社

平林　盛得（1933～2015）

ISBN978-4-642-75097-4